緊張して話せるのは才能である

永井千佳

はじめに

緊張を克服する必要はない。緊張を活かそう。

今度のプレゼンは、絶対に成功させたい。でも人前で話すのは、緊張する。

この本は、そんなあなたを応援する本です。

これから立ち向かうプレゼンは、社内の企画会議でしょうか？　それともマスコミを呼んでの記者発表でしょうか？　聴き手の規模は大小があると思いますが、「プレゼンのゴール」は共通しています。

それは、人を動かすことです。

ここで私が実際に見た、二人の経営者を紹介させてください。

はじめに

緊張を克服する必要はない。緊張を活かそう。

日本を代表する、ある製造業の社長さんのプレゼン。満面の笑みに、自信満々の足取りで舞台を練り歩き、難しい言葉もスラスラと立て板に水のように出てきます。

「世界では競争がますます激しくなっています。我が社はさらなる経営変革を推し進め、グローバル企業を目指すべく邁進していく所存でございます」

まるでアナウンサーのように言葉は完璧。ただ客席を振り返ると、寝ている人がチラホラいました。

一方で勢いよく舞台に駆け上がった、ヤマダ食品（仮名）の新社長のプレゼン。

「み、みなさん、こんにちは！　ヤマダシャ？　ヤマダッ！　食ッ、品ッ！　の鈴木です！」

お世辞にもスマートとはいえません。マイクを持つ手は小刻みに震え、気の毒なほど緊張しています。しかしプレゼン後、新社長の前に名刺交換の列ができました。不思議なことに極度に緊張していた新社長の話は、聴き手を揺り動かしたのです。プレゼンは大成功。
その後、この会社の業績は上がり続けています。

プレゼンの目的は「上手に話すこと」ではなく「人を動かすこと」。
緊張しても、話し下手でも、人は動かせるのです。

私は経営者のプレゼン・コンサルタントとして、講演会でお話しする機会があります。
講演後にこっそりいただく質問で一番多いのは、これです。

「プレゼンで緊張しないようにするには、どうすればいいですか？」

人前で緊張しながら話すことは、すごく辛いもの。
でも本当は、緊張は自分の才能を引き出すために必要なものなのです。
むしろ緊張を活かせばプレゼンで伝えたいことが伝わり、聴き手の心を動かせます。

緊張は、克服するものではなく活かすもの。緊張は才能である。

こう言うと「なにそれ?」「まさか!」と驚かれます。子供の頃から「緊張しないでリラックスして」と言われ続けて、「緊張を克服しよう」と考えている人が多いからです。

このように言っている私も、緊張することでは誰にも負けませんでした。

私は超あがり症の子供でした。

3歳のとき、子供向けテレビ番組の出演が決まったものの、極度な緊張からテレビカメラの前で一歩も動けず、母親はガッカリして私の手を引いて帰宅しました。

音楽が好きだった私は、10歳からピアニストを目指し始め、奇跡的に音大付属高校に滑り込み、音大に進みました。しかし大事なことをすっかり忘れていたのです。それは「人前でピアノを演奏しなければいけない」ということ。演奏会では手足がガタガタと震え、幅2センチの鍵盤には指がはまらず、音をボロボロと外しまくります。そしてこう思いました。

「才能のある人って、きっと緊張しないんだろうなぁ」

その後、子供たちにピアノを教えるようになり、私の演奏会に来てくれた小学生から、無邪気な顔でこう言われました。

「先生、手が震えてたネ」

ついに小学生にも「私は演奏で極度に緊張する」と見抜かれてしまいショックを受けました。そして緊張しない方法をなんとか知りたいと、いろいろな方法を試すようになりました。

そんなある日、全く緊張せずにリラックスして本番の演奏も終えたことがありました。「これだったのか！」と緊張を克服する方法が分かったような気がしたのですが、お客さんの反応はよくありません。緊張しない本番は、不思議といつもより悪い演奏なのです。こうして試行錯誤を続けながら、ある日ついに気がつきました。伝わる演奏がしたいと緊張するからこそ、お客さんの心を揺さぶることができると。

緊張は、敵ではなく、味方だった。

緊張との戦いから20年を経て、このことに気づいた私の手は、緊張もしていないのにかすかに震えて、興奮していました。

私の人生は、ここから好転し始めました。予選落ちを繰り返していたコンクールに次々と受かり始めたのです。緊張して人前に出られなかった私が、音楽のボイストレーニング法を活かしたプレゼンのコンサルティングをするようになり、今では社長のプレゼンを診断する雑誌連載を持ち、多くのビジネスパーソンの前で講演するようになりました。

この本は、話し上手になるための本でも、スマートにプレゼンするための本でもありません。人前で緊張する人が、「緊張」という才能を活かし、聴き手を動かすための方法を紹介する本です。

誰でも緊張します。立派な企業の社長さんでも、緊張しています。でも緊張して話すからこそ、緊張しない人がスラスラ話すよりも聴き手は心を動かされるのです。緊張を活かせるようになると、自分らしいプレゼンができるようになり、「ぜひ、あなたに話してもらいたい」と言われるようになります。今までプレゼンを聴きながら寝ていた人も、目を覚まして熱心に聞くようになります。質疑応答も怖くありません。

「来週大事なプレゼンがあるんだけど、緊張しそうで怖い」

そんなあなたも、本書の方法を試せば、十分、間に合います。
それではどのように緊張を活かせばいいのか、これから説明していきましょう。

Contents

第2章

「どう話せばいいの？」

緊張のトリセツ

第3章 「何を話せばいいの？」
口下手でも、緊張しない人に勝てる方法

第5章 「でも質問、怖いです」
緊張しても、困った質問は切り抜けられる

質問

第1章
「緊張して話せません」
緊張するのは、実は才能である

1

「緊張は悪いもの」という教えは間違っていた

「人前で緊張してしまって、思いどおりに話せないんです」

こんな相談を受けることがよくあります。しかも、何か恥ずかしいことを聞いているかのように小さな声で質問されます。私が「緊張していいんですよ」とお答えすると、ほとんどの方が「えっ？」と目を丸くします。

世の中では「緊張は悪いもの」と思われていて、多くの方々が「緊張しない方法」を教えてもらおうと相談しにきます。ですから「緊張していい」と言うと驚いてしまうのです。

確かに緊張すると、「身体が硬くなる」「手足が震える」「手が冷たくなる」「頭に血が昇る」「しゃべりにくくなる」「集中力が散漫になる」「呼吸が苦しくなる」「心臓がドキドキする」「喉がカラカラになる」などの症状が出てしんどいものです。

ですから誰も「緊張は良いものだから、どんどん緊張しなさい」とは言いません。緊張するとテストで失敗したり、スポーツで良い成績が出せなかったりすると思われているので、学校では、「緊張しないようにリラックスしなさい」と教えます。「緊張して受験やオーディションに失敗しては大変」と本気で心配してくれているのです。

緊張は「悪者扱い」なのです。

学校は緊張への対応方法を教えてくれません。私は20年も緊張と戦っていました。しかし人前で演奏するプロを育てる音大でも、「緊張をどうすればいいか」を具体的に教えてくれませんでした。先生方もこのようにアドバイスします。
「緊張は慣れだね。場数を踏めばいいんだよ」
「緊張しない人は人前に出ている数が違うのよ」

「勉強不足だよ。人の何倍も勉強すれば緊張しなくなる」

ある先生は、暗示をかけるリラックス体操を教えていましたが、私にはまったく効き目はありませんでした。私のような激しく緊張するタイプは、本番前にそんな体操をしていると「緊張しないための体操だ」という意識が強く働きすぎて、かえって上手くいかないのです。人前で演奏するプロを養成するような教育機関でも、緊張対策はほったらかしなのです。

オリンピックのテレビ番組でも、メダル期待の選手に解説者は「4年に1度の大舞台ですし緊張しているようですね」「リラックス。集中です」とコメントします。また、メダルをとった選手もインタビューでは、大抵「あまり緊張しなかったですね」「リラックスして楽しめました」と言います。

緊張は悪いもの、避けるべきもの、ということは、今や常識なのです。

私もある時期まではそう思っていました。

でもその考えは大間違いだったのです。

私は雑誌の企画で、企業の社長さんのプレゼンを取材してコメントする「プレゼン力診断」という記事を毎月執筆しています。すでに50社の企業を診断してきました。そこで、あることに気がついたのです。

会社の業績が悪くても、メディアで批判されてピンチの状態でも、社長さんが良いプレゼンをすると、その後に株価が上がったり、会社の業績が良くなっていくのです。私はいつも先入観なしでプレゼンだけで診断しているのですが、繰り返しこのようなことが起こるのを経験してきました。

ここだけの話ですが、私はこっそりとプレゼンにスコアをつけた上で、記事を書いていますが。このスコアが高い社長さんたちには、一つの共通点があります。

実は皆さんとても緊張しているのです。

人前で手や足が震えていたり、身体が硬直していたり、早口になったり、人前で話すのが苦手だったりしているのです。でもそんな姿を見ても、「大企業の社長ともあろう人物が、こんなに緊張してダメだなぁ」とは微塵も感じません。むしろそんな社長さんたちの話を聞いていると、強い想いが伝わってきて、なぜか心が揺さぶられるからです。

プレゼンは、告白です。

想いを伝える場です。どんな告白を受けたら心が揺さぶられるか、イメージしてみてください。ドラマで、下駄箱の横で手紙を渡すシーンをよく見ますが、そんな場面です。告白するほうは、ドキドキして緊張しています。

「つ、つ、つ、付き合ってください!!!」

言葉もつまるし、手紙を渡す手も震えている。でもそこからは、「強い想い」が伝わってくるものです。

逆に冷静な顔でこう言われたらどうでしょう？

「あなたは私と付き合うと、いろいろ得をすることが多いですよ。なぜなら私は勉強ができるからです。宿題のお手伝いもできますよ」

お付き合いしたいと思いますか？　あまり心が動きませんよね。

プレゼンも同じです。「伝えたい想い」が強いほど、緊張は激しくなります。身体の動きが悪くカチコチになるのは、人並みはずれた強い想いを持っているからなのです。だから、緊張するのは当たり前なのです。そして相手に想いを伝えるためには、緊張していなければいけないのです。

プレゼンの目的は、聞いた人が感動して、あなたが正しいと信じる方向に行動を変えること。その目的を達成するためには、

緊張をなくすのではなく、緊張を活かすことが大切なのです。

これまでは、「緊張すれば失敗する。緊張は努力で克服するもの」と教えられてきました。「緊張は悪いもの」と考えられていました。これでは、宝物をわざわざ捨てているようなものですから、緊張を活かせないのは当たり前です。大事な本番にのぞむとき、緊張で悩んでいるあなたは、正しい緊張の活かし方を知らないだけなのです。

「たくさん練習して経験を重ねれば、緊張しなくなる」はウソです。

「緊張を克服するには練習しかありません」というのは、世の中で定番のアドバイスです。私のもとにも、「練習では上手くできるのに本番で緊張してしまい実力を発揮できない」と悩まれて来られる方が多くいらっしゃいます。

断言しますが、練習しても緊張はなくなりません。グリコに必ずおまけが付いているように、緊張する人にとって、緊張は「プレゼンにもれなく付いてくるもの」だからです。「練習を重ねれば、心臓がドキドキしたり、頭がボーッとなったり、胃が痛くなったりという辛い症状がなくなり、リラックスしながら悠々とプレゼンができる」と思ったとしたら、それは大間違いです。

緊張する人は、一生懸命勉強したときほど、逆に試験で緊張するようになります。勉強した量や質に対して、自分の期待値が上がりすぎると、緊張は激しくなります。勉強すればするほど、自分の中に「自分に期待する聴衆」が増えていき、「期待に応えなければ」とプレッシャーをかけるのです。

こういう人は、勉強しなければ、緊張が消えます。私はまったく勉強しなかったときはテストで緊張もしませんでした。しかし当たり前ですが、勉強しなければ成績は悪くなります。緊張をなくそうとして勉強しないのは、本末転倒ですよね。

「緊張して話せないのは、練習が足りないから」という言葉に騙されないでください。

人前で話すことには慣れているはずの経験豊富な40代、50代の社長さんや部長さんが「本番で緊張する」と悩まれている様子を、私はたくさん見てきました。年齢が上がり、さらに職位も上がれば、失敗できない立場になるために会社からの期待も大きくなり、プレッシャーはどんどん大きくなるのです。人前でガタガタ震えている姿はできれば見せたくないし、そんな姿を見せてしまったら次の日から社員や部下への説得力も半減してしまうと思うのも当たり前かもしれません。

経験を積み重ねれば積み重ねるほど、緊張は激しくなります。
子供がほとんど緊張しないのは、経験がないからです。私は以前、小さな子供にピアノのレッスンをしていました。発表会になると、幼稚園生や小学校低学年の子供たちは、緊張もせずにケロリとして舞台から帰ってきます。それが、年齢が上がればだんだん緊張するようになり、練習と本番の出来が変化するようになってくるのです。音大卒業生の演奏会でも、緊張が激しいのは新卒の20代より、40代50代の先輩方でした。

でもがっかりする必要はまったくありません。先ほどお伝えしたように、緊張は、人の心を揺さぶり、行動を変えることができる大事なものだからです。

私のコンサルティングのお客様でなかなか上達しない方には、共通点があります。それは「私、緊張しません」と緊張を否定されることです。リーダーの立場まで上りつめる方というのは、責任感の強い方が多いものです。世間では「緊張するのは弱虫」と思われているので、「緊張するようではリーダーは務まらない」と考えて、緊張を認めたがらないのです。でも緊張を認めなければ、緊張はあなたの味方にはなりません。

まず「緊張している」と認めなければ、緊張は活かせません。「私は緊張する。だから良いプレゼンができるんだ」くらいの開き直りと覚悟が必要なのです。

2 緊張には理由があった

ピアニストとして演奏活動をしていた頃のことです。

「今日は本番だ」と思うと、朝起きた瞬間から緊張してくるものです。でもあるとき、本番の前なのにまったく緊張してくる気配がなく、「なんだかリラックスしてできそうだ」と思ったことがありました。いつもなら本番直前はガタガタ震えるほど緊張するのに、普段と変わらない状態。本番が始まっても、いつものように恐ろしい緊張が襲ってきません。

「今日はリラックスしてできた。そうか、これだったのか！」

そのときは、緊張を克服する方法が分かったような気がしました。

しかし、終わってみるとお客さんの反応が悪いのです。アンケートの結果も良くありません。数人の知り合いから「今日はどうした？」「調子悪いの？」と言われてしまったのです。不安になりビデオを見ると、上手くいっていると思っていたところが実際は上手くいっていません。このような経験を何度かするようになり、「あんなに憧れていた緊張しない状態なのに、緊張しない本番は上手くいかない。それどころかお客さんの反応が悪い。なぜなんだろう？」と不思議に思い始めました。

そんなとき、医学的な緊張のメカニズムを知り、脳天に雷が落ちたような衝撃を受けました。

私たちの身体は、脳が命令しなくても心臓は動くし食事も消化されます。これは自律神経のおかげです。

この自律神経には、大きく分けて「交感神経」と「副交感神経」の二つがあります。

交感神経は、緊張したり興奮すると活発になります。たとえば脈が速くなります。

副交感神経は、リラックスすると活発になります。たとえば脈が遅くなります。

交感神経と副交感神経は、同時に活発になることはありません。だから人間の身体は、「緊張しながら、リラックスする」ということはできない構造になっているのです。

私たちがプレゼンで緊張するのは、交感神経が活発になっているからです。

「今から勝負！」と思った瞬間に、人間は身体から交感神経を活発にさせるアドレナリンというホルモンが出て、さらに「覚醒のホルモン」ノルアドレナリンも出て、周囲に意識を張り巡らします。

狩りをしていた太古の人類にとって、何よりも必要なことは、獣や敵と戦って生き延びることでした。「緊張状態」は交感神経を活性化させて、戦う際に必要なエネルギーを集中させる反応なのです。たとえば獣が現れて緊張するとき、脳が命令しなくても勝手にアドレナリンが出て交感神経が活発になり、脈を速めて身体全体に大量に血液を送り込み、後回しにしてもいい消化活動を停止して、エネルギーを重要な器官に集め、血管を収縮し、攻撃されたときの出血量を抑えます。

また緊張状態になると、脳波は緊張を示すβ波に変わり、意識は分散し、雑多なことが頭に浮かび、一つの考えに集中できなくなります。実はこれも、覚醒のホルモン・ノルアドレナリンが出ることで、あらゆる方向からの敵の攻撃を感知し対応するためです。

「緊張する」のは、「人間が生き残るために戦闘態勢に入った」ということなのです。私たちが緊張すると手が冷たくなり落ち着きがなくなるのは、DNAに組み込まれた緊張のメカニズムが作動したためなのです。緊張とは、生きるか死ぬかのギリギリのところで、能力以上のものを引き出そうとする、人間に生まれつき備わった力、才能なのです。

このように緊張は、私たちの身体に備わった大切な機能です。

普段の私たちは、能力を限界まで出さないように、脳が無意識にリミッターをかけています。

常に能力を限界まで出すと、身体が酷使されてしまい壊れてしまうからです。しかしアドレナリンは、このリミッターを外す役割を持っています。つまり緊張をうまく使えば、リミッターを外し、私たちの潜在能力を目いっぱい使うことによって、大きな力を発揮できるようになるのです。

私が緊張しないときに上手くいかなかったのは、緊張で能力を引き出す仕組みが動かなかったからだったのだ、というのは実に大きな発見でした。この経験で確信しました。

緊張はもともと人間に備わった力。
緊張を活かせば、自分の能力をさらに引き出せるはずだ。

このときから私は、緊張を活かすことを考え始めました。緊張を活かす方法を見つけるまでは、トライアンドエラーの連続でした。たくさん恥もかきました。でも、試行錯誤の末、緊張に対応するためには緊張を活かす方法があることが分かり、人生が好転し始めたのです。

緊張を活かす方法には二つあります。

一つ目は、**「緊張を認める」**。
二つ目は、**「緊張を取扱説明書通りに扱う」**です。

難しいことは一切ありません。誰でもできることです。

「まずは認める」ということはすでにお話ししました。緊張を認めない人は、緊張を活かすことはできません。緊張を素直に認めることです。

そして緊張はとてもデリケートです。取り扱いに注意が必要です。なかなか自分の思うとおりにならないわがままなものなのです。あなたの心の中にいる赤ちゃんだと思ってください。赤ちゃんは機嫌が悪くなると泣き止みませんよね。あなたがイライラしたりすればそれを敏感に察知して赤ちゃんもぐずり始めます。でも、あなたがやさしく丁寧に扱えば、赤ちゃんは機嫌良くしてくれています。緊張も同じです。いったん無造作に扱うと、ぷいっとそっぽを向いてしまい、その日は二度と帰ってきません。だから、あなたがやってはいけないことは、緊張の機嫌を損ねないことです。そのために、まずは緊張を取扱説明書通りに扱ってください。そのうち自分なりの方法が分かってきて、細かい部分で取扱説明書の書き換えが必要となってくるかもしれませんが、まずは基本通りにやってみてください。

この二つを行えば、緊張してしんどい本番でも、自分の能力を最大限引き出すことができるようになります。そして、緊張しないで悠々とプレゼンをしている人に勝つことができるのです。緊張を活かす方法が分かれば、人生は好転し始めます。あなたは緊張という才能を授かってこの世に生まれてきていることを知ってください。

3 あなたが緊張するとき、聴き手は感動する

有名な社長さんでも緊張している姿を目にします。日本を代表する世界的企業を大変革して復活させ大きく名を挙げた某CEOは、プレゼンで、会議室で猛練習したという初めてのサックス演奏を披露しました。でも演奏が上手くいかないのです。音がひっくり返り、首をかしげています。緊張で硬くなっているので無理もありません。ところがプレゼンの後半では一変し、最後は腹の底から声を出して会社のビジョンを宣言し、鳥肌が立つような素晴らしいプレゼンを成し遂げました。そんな大舞台の終了後。一人エレベーターホールの前に立っている社長さんを偶然見かけたのです。

「はぁ〜」

誰もいないと思ったのでしょう。肩を落として小さくため息をつき、疲労しきった表情をしていました。私はその社長さんの背中を見て、しばし立ちすくんでしまいました。この社長さんのプレゼンは世界の中でもトップクラス。でも、皆さんと同じように緊張しながら出ていたのです。そして自分のリミッターを外すことで、一世一代のイベントを務めあげたのです。

一流企業の社長も取材のときに至近距離で見ると、手足はガクガク震え、声も震えています。でも社長ですから、どんなに人前で話すことが苦手で緊張しようとも、話さなくてはならない立場なのです。

音楽家も同じです。ある音楽家は、楽屋で「緊張でお腹が痛い」と言って、まったく落ち着きがありません。リハーサルも、出来はいまひとつ。大丈夫かなと他人事ながら心配していました。ところが本番で舞台に出た瞬間、リハーサルとはまったく別次元の素晴らしい演奏をしたのです。数年後、その音楽家は、世界3大コンクールの一つで優勝しました。

巨匠と言われる世界的な演奏家は、みな超あがり症です。ピアニストのマルタ・アルゲリッチも、テノール歌手のマリオ・デル・モナコも、指揮者のカルロス・クライバーも、本番前に極度の緊張で不安になってコンサートをキャンセルしてしまうこともしばしば。20世紀最高のピアニストと言われるスヴャトスラフ・リヒテルは、本番前に緊張で歩けなくなり、指揮者が支えないと舞台に出られないほどでした。そんな彼らは、本番ではまさに鳥肌が立つような演奏をします。

緊張していいんです。

緊張こそ、あなたの才能です。緊張しなくなればプレゼンで人を感動させ、動かせるようになると思っていたら、それは大きな誤解です。緊張はあなたのＤＮＡに刻み込まれたもので、一生なくなることはありません。私は、皆さんに緊張という宝を活かす方法を知って、１日でも早く力を発揮してほしいと願っています。

緊張克服のために、リラックス法を見つけ出してプレゼンしている方もよく見かけます。

「話し方を変えよう」と話し方の講習に参加したりする方もいます。でも、一度緊張を活かせる体験をすれば、無理にリラックスしようとは考えなくなります。

まずは緊張の存在を認めましょう。後は緊張の取扱説明書通りにやるだけです。

第1章まとめ

緊張は、あなただけの宝物。
緊張は克服するな。
緊張を活かそう。

・緊張には理由がある
・緊張は能力を引き出す生命の知恵
・想いが強ければ、緊張も激しくなる
・緊張を活かす方法は二つ
「緊張を認める」「緊張を取扱説明書通りに扱う」

第2章
「どう話せばいいの？」
緊張のトリセツ

1 魔の3分を乗り切れ

知人のヨウコさんは、商品企画部のリーダーに選ばれました。責任感が強いことが評価されたようです。でもなんだか顔色が冴えません。急にプレゼンの機会が増えたためです。

そんなヨウコさんは、ある日社内役員向けにプレゼンすることになりました。役員にプレゼンするなんて初めての経験です。前日深夜まで資料を作り込み、リハーサルも何度も繰り返しました。当日、役員室の外で待機中に、緊張がどんどん高まっていきます。名前を呼ばれて役員室に入ったときは、緊張はマックスに。声が震え息は上がり、しかもそれを見た役員が笑いながら、「おいおい、緊張しすぎだよ」と言われた瞬間、頭がすっかりホワイトアウト。リハーサルで覚えたことはすべてすっ飛び、「えー」「あー」を連発、準備したことの3分の1も話せずにプレゼンは大失敗してしまいました。もう情けないやら、恥ずかしいやらで、生まれて初めて「貝になりたい」と思ったそうです。

そんな様子を涙ながらに語ってくれたヨウコさん。

緊張の取り扱い方法を間違えて、本来の力を発揮できずにいたのです。

あがり症も口下手も、緊張の取扱説明書（トリセツ）通りにやれば、緊張しない人に勝つことができます。これから緊張のトリセツ通りにやってみましょう。


第一歩は、自分を知ることです。


人前で緊張しながら演奏活動を続けてもまったく実力が発揮できなかった昔の私は、悩み抜いた末、有名な若手演奏家を次々と輩出している先生にあらゆるツテをたどってレッスンをお願いしたことがあります。

最初のレッスンで先生は一言、こう聞いてきました。

「本番を録音したか」

私はポカーンとしてしまいました。なぜ何も教えずに、いきなり録音したかどうかを確認するのか訳が分からなかったのです。2回目のレッスンでも先生は聞いてきます。

「本番を録音したのか？　何回聞いたのか？」

私は、「1回……かな？」と答えたのですが、先生は表情を変えずに「ダメだ、何回も聞け」と言います。私は、「もっと上手になる方法とか、本番で効果の出るやり方とかないの？せっかく習いにきているのになんで何も教えてくれないの？」と、だんだん不安になってきました。でもこの先生は、細かいことはあまり教えず、とにかく「録音して自分で聞け」と繰り返すばかり。その理由は、「自分で聞かないと絶対に分からないから」だと言います。

「ボクはね、頭の回転が速いから言葉がどもるの。ピアノもそうなの。スピードが速くなって弾けなくなる。だから何度も録音して聞いた。自分で分からないと改善できないんだよ」

私は先生に謝らなければなりません。「聞いた」と答えたのはウソでした。録音はしていたのですが、聞かずにいたのです。理由は二つありました。

まず自分の演奏を聞くのが怖いから。

そして「耳で聞こえているんだから分かっている。別に改めて聞く必要なんてあるの？」と思っていたから。

要は、怖いし面倒くさかったのです。でも、あまり先生がしつこく言うので、「面倒くさいなぁ。自分でも分かっているんだけどなぁ」と思いながら、本番の録音を聞いてみました。

愕然としました。聞いてみると、アガっていて、予想以上に下手なのです。聞くに堪えません。


「こんなのを、他人に聞かせていたんだ……」

自分が意図していることがほとんどできていません。録音を聞かないのは、鏡も見ずにお化粧しているようなものだったのです。

やっとの思いで、2回目も聞いてみました。すると、さらに発見がありました。緊張のためアガっているので余裕がないのです。プレゼンで言えば、アガってしまって猛烈な早口でしゃべりまくっているような状態です。早口だと、聴き手は何を言っているのか聞き取り難くなります。

緊張しているときほど「間合い」がなくなります。「ここでいったん間合いを入れないと、流れが変わったことが分からない」とか、「ここでゆっくりしないと、気持ちが伝わらない」などの問題が手に取るように分かります。間合いを作ることが大事だというのは、録音を聞かないと分からなかったことです。

一方、意外なことも分かりました。自分の思い込みとは違って、意外と良いところもあったのです。これはすごい発見でした。具体的に見ていきましょう。

〔演奏本番の状態分析〕最初の15秒

速い！　信じられないスピードで指が動き、間合いも余裕もなく、雑に聞こえる。

自分の状態：手足の震えがすごく、音も外している。のどがカラカラ。手は氷のように冷たい。スピードに身体がついていかない。

3分経過

速く、興奮している。テンションがいつもより高い。
自分の状態：少し震えている。

5分経過

テンションが高い。硬さがあり上手ではないが、異常な熱量や気合いが伝わってくる。
自分の状態：震えも少なくなる。

6分～10分経過

高いテンションと身体のバランスがとれてくる。練習より2倍良い。手は相変わらずよく動いている。
自分の状態：緊張しているが、想いを伝えやすくなっている。

本番の録音を聞いて、自分の思い込みと現実は違うことがよく分かりました。「ここに悩み解決のヒントがあるかもしれない」と直感的に感じ、本番のたびに録音するようになりました。そして次第に分かってきました。

結果が良いときは、最初の5分間に、極度な緊張ではね飛ばされそうな気持ちをつないで堪えています。結果がダメなときは、最初の5分間でいろいろな失敗をして気持ちが切れてしまい、その後も雑で上手くいきません。

結果は最初の5分間で決まっていたのです。

その後、社長さんのプレゼンを見る仕事を始めました。

驚いたことにプレゼンでも、私が録音で分析したのと同じことが起こっていたのです。緊張する人のほとんどは、冒頭5分間で緊張のピークが来ます。どんなに緊張している人でも最初の5分間を乗り切れば、後はなんとかなるのです。特に大事なのが、最初の3分間でした。

緊張する人は、

「最初の3分間は、魔の時間」

と覚えておいてください。この3分間を乗り切れば、5分間まで持たせることができ、その後、あなたの緊張を別世界に連れていってくれるようになるのです。

2 10回の練習より1回の録画

あらためて、「緊張して話せない」という人にお聞きします。

あなたは、自分のプレゼンを録画していますか？

こう言うと、多くの人がこうおっしゃいます。

「でも、自分の録画を見るなんて恥ずかしい」

ちょっと待ってください。


あなたは、その「恥ずかしい姿」をお客さんに見せているんですよ？


昔は、動画を撮るのはビデオカメラを用意したりして大変でした。

でも今はスマホで、誰でも簡単に動画撮影できます。それすらせずに、「緊張するから、なんとかして」と言いながら、スマホで録画する程度の努力もしないのは、

あまい！


としか言いようがありません。

録画すると必ず分かることがあります。それは自分のありのままの姿です。自分の事実

がそのまま見えてきます。

緊張で話せないのは、自分が客観的に見えていないことも大きな原因です。録画して、自分のプレゼンがどうなのかを見ていないのです。その人のプレゼンを見れば、「この人、自分のプレゼンを見たことがないんだろうなぁ」とすぐに分かります。

ここで紹介する方法は、たった2回、録画して見るだけです。本番で緊張して死にそうになるくらいだったら、録画して見る努力は、まったく取るに足りません。目的は、自分がどうなっているか知ることです。

〔やり方〕

1 スマホを用意する。
2 家でプレゼンのリハーサルをして、スマホで録画。自分で見る（冒頭3分間でOK）。
3 そして本番でも録画して、あとで見る。

まずはプレゼン録画と、確認から

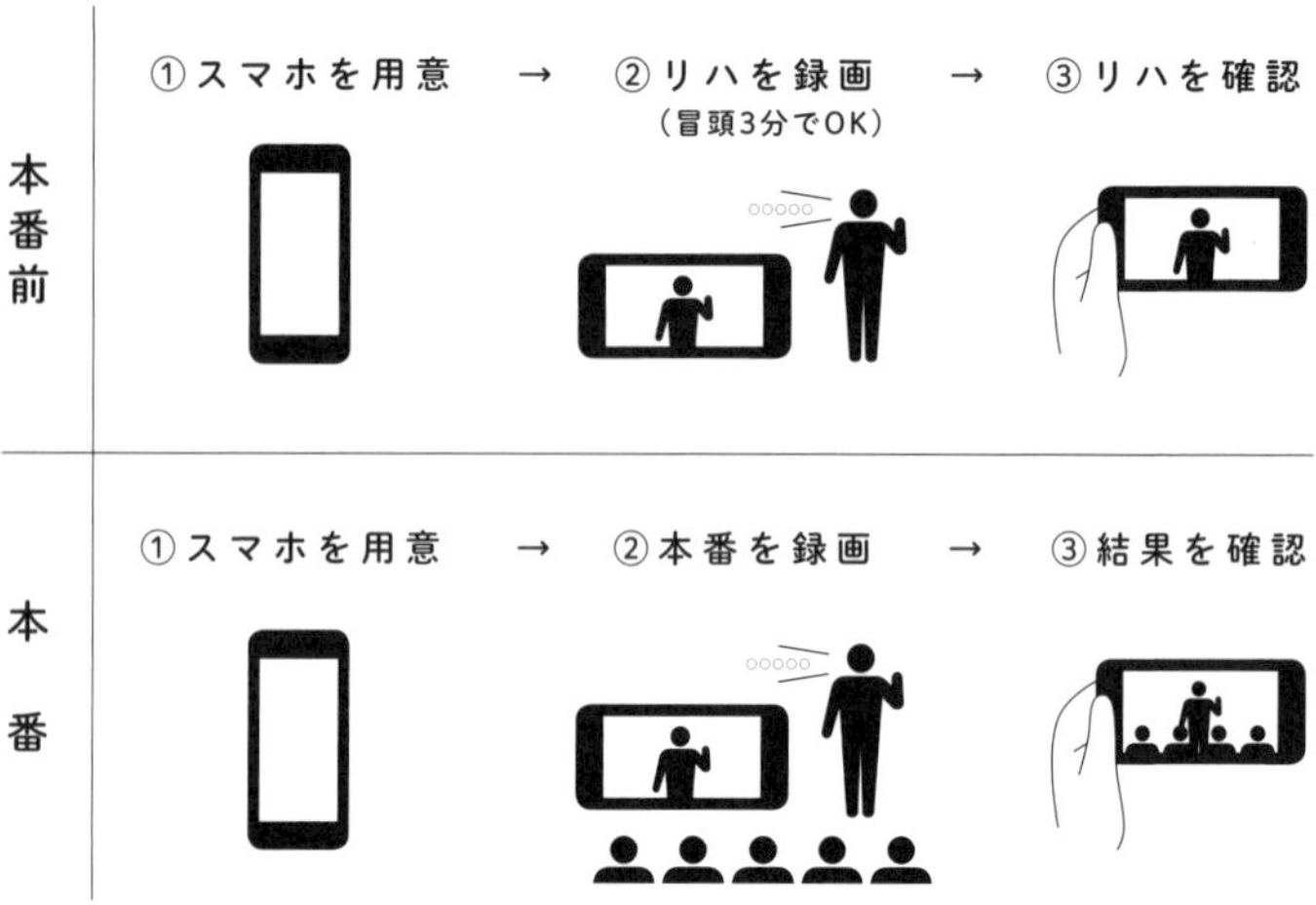

【本番の録画で、必ず確認してほしいこと】

・いつまで声や手足が震えていますか？
震えがおさまるのはどんなときですか？
・震えがおさまったり、少なくなるのは、開始から何分後ですか？
・実は「意外に緊張しているようには見えない」ということに気づきませんか？
・自分では気になっているのに、録画では違う点は、何でしたか？

自分では気になることも、意外と他人は気にしていないものです。

知り合いの女性が、「せっかく髪の毛を切ったのに夫が気づかない」とがっかりしていました。いきなり大胆にスキンヘッドにしたりすれば「出家するの？」と驚かれるかもしれませんが、身近な家族でも、細かい違いはそれほど気にしていないものです。あなたも、どれくらい他人のことを気にしていますか？　そのレベルと同じくらいだと思ってください。

緊張による震えでも同じです。私は仕事柄、細かいところまで意識するのが癖になっていますが、普通のお客さんは小さな震えくらいならほとんど気にしていません。だから、あなたの緊張は、意外と「緊バレ」（緊張がバレること）していないのです。

その場で気にしているのは、実はあなただけです。緊張のメカニズムで説明した通り、緊張すると人は神経が研ぎ澄まされます。だから緊張や震えが異常に気になってしまうのです。

緊張すると声が震える人の場合、自分が震えていると感じるとさらに震えも大きくなることが多いものです。でも実際には震えていると感じるのは自分だけで、聞いている人には分からないことも多いのです。少しくらい震えていても、ビブラート（歌手が声を震わせて声を美しく響かせる方法）に聞こえて、お客さんが「こんな話し方なのかな」と良い方向に勘違いしていることもあります。

本番を録画し、自分が気にしている点と、実際に見て気になる点の違いを確認しましょう。あなたが録画で見ている姿を、お客さんも見ています。自分を知れば、余計なことを心配する無駄なエネルギーを使わずにすみます。

まず知ることです。知れば緊張で慌てなくなります。自分を知るだけでも、あなたのプレゼンは必ず変わります。どうすれば緊張を活かせるか、対策を立てられるようになるからです。

さて、スマホ録画作戦で自分が見えたら、次は「魔の3分間」を攻略します。

3
「鉄板ネタ」で魔の3分を乗り切る

ぜひ知っておいていただきたいことがあります。

聴き手は、ウルトラマンである。

ウルトラマンは、目の前で怪獣が暴れ回って街のビルを破壊していても、仲間がピンチに陥っていても、3分間が経過するとカラータイマーが切れて、地球からオサラバしなければなりません。実は聴き手もウルトラマンと同じなのです。

聴き手の集中力は、どんなに長くても、3分間しか続かない。

3分間が過ぎて集中力が切れると、ほとんどの人は眠くなります。では3分間しか集中力が続かない聴き手を飽きさせないためには、どうするか？　実は、とても簡単です。プレゼンの冒頭で、その日の一番美味しいネタを持ってくることです。こうすれば集中力を切らさずに最後まで聞いてもらえます。

でも実際に見ていると、この真逆をやっているプレゼンが実に多いのです。延々と前置きが続き、10分、最悪の場合は30分が過ぎて、やっと本題に入ったりします。聴き手はとうの昔に集中力が切れて、半数くらい爆睡していることもあります。

間違っても、美味しいネタは最後に持ってきてはいけません。

冒頭に美味しいネタを持ってくることが大切ですが、気の利いたネタを用意する必要などまったくありません。冒頭3分を攻略するには聴き手を引きつけるいつもの「鉄板ネタ」で乗り切ることです。

最初がすべて。これをしっかりと心に刻み込んでください。極端な話ですが、

最後なんてどうでもいいのです。

突然ですが、友人のマリさんの話を紹介させてください。

マリさんはベランダから東京タワーが見えるマンションを買いました。「ここから見える夜景が気に入って購入を決めたの！」とご満悦です。しかし、ソファの横に別の新築マンションの広告が置かれていました。「買った後なのに、他のマンションの広告が気になって見てしまうのよね……」と言います。マリさんは普通の会社員で、マンションは高価な買い物。相当検討して購入を決めたそうです。でも、買った後も他のマンションの広告を見ているのは、不思議ですよね。

ちょっとまじめな話をしますが、これには理由があります。

人は、「自分の判断は正しかったのかな？」と、内心不安を抱えています。そこで「やはり良い買い物だった」と自分を納得させるために、他のマンションの広告を眺めているのです。これを「**認知的不協和の解消**」と呼んでいます。人は認知的不協和を解消するために、自分が正しい理由を探し始めるのです（認知的不協和という言葉は覚えなくて大丈夫。こんなことがあるんだなぁということが分かったら、忘れてください）。

プレゼンもまったく同じです。

聴き手は、プレゼン冒頭で「この人のプレゼンは良いなぁ」と感じると、話し手がその後少々失敗しても「この人のプレゼンは良いから、何か理由があるはずだ」と、理由を探し始めます。そして「この良さは私だけが知っている」という特別感が芽生えるのです。最初が良ければ、90％は成功したも同然。プレゼンでは、最初が良いととても得なのです。

逆に冒頭が上手くいかずに「この人ダメ」と思われると、途中で調子が上がって良くなってきても、聴き手は「良さそうに見えるけど、この人のプレゼンはダメだから」と、ダメな理由を探し始めます。あれこれ難癖をつけて「ほら、やっぱり良くない」と考えるのです。最初の印象は消すのがとても難しいので、最初で失敗してしまうのはとても損です。つまり、

最初がいいと、最後までいい。最初がダメだと、最後までダメ。

後半に逆転ホームランを打つのは、よほどの天才でもない限り至難のワザです。

しかし現実には、緊張する才能のある人ほど最初で失敗するケースが多いのです。緊張のピークは、最初に来るからです。

この最初のピークを攻略すれば、緊張する人ほどプレゼンで成功できます。

でも「緊張でガタガタなのに、最初で成功するなんてムリ」と思われるかもしれませんよね。私は、緊張のメカニズムを発見した後、真っ先に改善したのは「最初の時間をいかに乗り切るか」でした。緊張は気難しい赤ちゃんのようなものです。最初に機嫌を損ねると二度と戻ってきません。でも、これから説明する緊張の取り扱い方を知っていれば大丈夫。緊張の赤ちゃんは機嫌が良くなって才能を発揮できるようになります。

特に冒頭はトリセツ通り、丁寧に乗り越えていく必要があります。

それでは緊張の取扱説明書を見ていきましょう。

4 冒頭15秒が、ゴールデンタイム

冒頭の15秒に全力投球します。冒頭は緊張がピークに達しています。私はプレゼンを多く見てきたためか、話し手が舞台を歩いてきて、最初の一声を聞けば、その日上手くいくかどうか、ほぼ分かるようになりました。

実は聴き手は冒頭15秒で「今日は集中して聞くか、気を抜いて聞くか」を無意識に決めています。歩いてきて、第一声を出せば「どんな話になるかすぐに分かるから」です。プレゼンは、まだ声を出していない段階から始まっているのです。

私は、舞台に姿を見せて→歩いて→第一声を出すまでの15秒を、「**冒頭15秒のゴールデンタイム**」と呼んでいます。言うなれば相撲の立ち合いのようなものです。あなたのプレゼン冒頭15秒のゴールデンタイムの立ち合いは、「服装」「笑顔」「歩く速さ」「第一声」で決まります。

〔服装〕

服装の基本は清潔感。おしゃれな必要はありません。とにかく清潔感を重視してください。不潔さは話の技術でリカバー不可能です。不潔な人は15秒で瞬殺されます。スーツがシワだらけだったり、靴が汚れていたりしていませんか。取材で見たある外資系の執行役員は、プレゼンのとき靴の先がパックリ割れて靴下が見えて、思わずのけぞったことがあります。高価なものを揃えていても不潔だったら台無しです。

〔笑顔〕

表情は笑顔が基本です。ただ緊張するとどうしても無表情になりがちです。また、自分では笑っていると思っても、笑って見えないことがほとんどです。そんなとき、無理にでもいいので、頑張って笑顔を出してみることです。とにかく冒頭15秒のゴールデンタイムだけでもいいので笑ってみてください。「心が入ってない笑顔なんて不自然だ」「緊張して笑えるわけない」と思うかもしれませんね。でもそうではありません。

笑顔になれば、心もついてきます。

嫌なことがあっても、焼き肉でも食べて笑っているとすっきりしてくることがありませんか？　とにかく行動することです。最初は心が足りなくとも、行動しているうちに心が後からついてきます。笑顔を出しているうちに、辛い状況でも前向きな気持ちになってきます。見ている方も、話し手が無表情だったり、怖い顔をしていたら不安ですよね。笑顔を出せば、間違いなく聴き手は安心します。

「でも、笑えないんだよね」

そんな人も多いはずです。そこでどんな人でも絶対に笑顔になれる裏技があります。

1　舞台に出る直前に、両方の口角を人差し指でぐっと持ち上げる
2　指をそっと外してそのままの状態を保つ

笑顔といえば、プレゼンの教科書では「目が笑っていること」とか、「楽しいことを思い浮かべて」とか書かれていますが、緊張していたら細かいことは一切忘れてしまうもの。

しかし緊張して余裕のない状態でも、コレ一つでOKです。口角だけを上げるようにすれば必ず笑顔に見えます。繰り返します。冒頭15秒はこらえてください。

〔歩く速度〕
歩く速度が速すぎる人、カチコチでぎごちない人、下を向いてノソノソ出てくる人……。緊張状態でリズム感良く歩くのはなかなか難しいものです。でも、あなたらしく自信を持って出られる速度があります。

あなたの心拍数と同じくらいで歩いてください。

脈拍は人によって違います。だからいいのです。緊張で脈が速くなっている人はキビキビとした動きになります。脈が遅めの人はゆったりとなります。これが自分らしい速度です。

〔第一声〕

そして第一声は、大きな声です。歩いてきて、息を吸い、

「こんにちは！　△△会社の○○です。
本日は、○○○についてお話しいたします」

必ずこの日話すテーマから入ることが鉄則です。できる限り簡単な言葉にしましょう。そして頭が真っ白でも自動的にできるように、事前準備を重ねておくことです。ここで大切なことがあります。

カッコつけた「カタカナ語」連発は、禁止！

「こんにちは。本日ローンチいたしましたプロダクト、なんと従来比2倍のコストパフォーマンスをオファーしております。ミッション・クリティカルなオペレーションにオプティマイズしたコンフィグレーションも可能です……」

「あの～、日本語で話してください」と言いたくなります。聴き手は意味が分からないと、速攻で爆睡モードに突入です。

さて、「服装」「笑顔」「歩く速さ」「第一声」をチェックしてきましたが、ここで、意外な盲点・重要な注意点があります。会場設備のチェックです。

「さあ、始まるぞ」と思っているところでパソコンがつながらなかったり、プロジェクターが落ちてしまったときのガッカリ感と言ったら、ディズニーランドに行ったら休園日だったというくらいのレベルです。テクニカルな準備はしっかりやりましょう。

「ゴルゴ13」も任務遂行のために必ず入念に武器の準備や現場の下見をしますよね？ パソコンや資料はあなたの武器です。パソコンがつながらないのは、事前準備で解決します。あらかじめ早めに到着して必ず試運転してください。もしテクニカルなことに自信がなければ、詳しい人に一緒に行ってもらうか、リハーサルで詳しい人に同席してもらうようにお願いしておきましょう。

そしてマイクのテストは必ず行ってください。第一声でマイクに声が入らなくて、「こんにちは!……あれ?……ポンポン（マイクを叩く音）」という状況は避けたいものです。これでは、せっかく準備しても冒頭15秒のゴールデンタイムは大失敗です。

マイクのテストでぜひ気をつけてほしいことがあります。

マイクのテストは、ただ「アーアーアー」だけではダメです。会場の残響のために、言葉が聞き取り難いことがとても多いからです。マイクテストでは、本番と同じように実際に話してください。実際に話さないと残響を含めた声の聞こえ方は分かりません。声は、スマホで録画して確認してもチェックできます。ただ会場の場所によって声の聞こえ方は違います。スタッフに客席のいろいろな場所に立ってもらい、実際にしゃべる様子をチェックしてもらうとベストです。もしマイクの感度が良すぎる場合は、音量調整するか、マイクと口の距離を離しましょう。

緊張という才能を活かすために、早めに到着して準備を入念にしておきましょう。

遅刻は厳禁。ギリギリに到着してチェックの時間もなく、テクニカルな問題で失敗するのは最悪です。緊張とは関係ないことだからです。テクニカルで失敗すると焦って緊張を増幅させ、お客さんの印象も悪くなります。早めに到着して入念に準備しましょう。

冒頭15秒のゴールデンタイムでは、「服装」「笑顔」「歩く速さ」「第一声」「下準備」が大事です。これを理解したら、取扱説明書の第二段階「最初の3分間」に進みましょう。

5 「緊張のピーク」最初の3分にするべきこと

ここから先が腕の見せ所です。なぜなら、

冒頭3分が、緊張のピーク

だからです。では、どうすればいいのでしょうか？

残念なプレゼンの9割は、この大事なタイミングでキャリアの説明などの自己紹介、会社の説明、会社の歴史、時事ネタから入ります。これはダメ。こう考えましょう。

プレゼンは、婚活と同じである

最初に相手からまったく興味のない話を一方的にされたら、最初の数秒で、「この人とは、ご縁はないなぁ」と感じるものです。プレゼンも、婚活の冒頭数秒と同じなのです。

履歴書を読めば分かるような職業の説明や、家族・親戚の自慢が続くと、睡魔が襲ってきます。理解できない専門分野の話をされても、もっと聞きたいとは思いません。

私は婚活で40人くらいの方と会いましたが、結婚相手を決めたきっかけは、相手が「写真がライフワークなんですよ」と言って、自分の作品を丁寧にまとめてファイルしたものを持ってきていたことです。婚活の履歴書は「プレゼンの事前案内」のようなものです。履歴書には「写真がライフワーク」と書いてあり、私はアートには興味があって「見てみたい」と思っていたので、準備の良さに驚きました。つい「仕事でもきっちりしているんだろうなぁ」と思ってしまいました。作品の一つ一つをどういう状況で撮ったか、どんな気持ちで撮ったか、話してくれました。自分の得意分野の話なので、本人は夢中になって口角泡を飛ばして話していました。「面白い。もっと聞きたい」と思いました。それに、写真の説明から人間性が感じ取れたのも良かったのです。

人と初めて会うのは緊張しますよね。緊張していても、自分の得意ネタから入ると話しやすくなります。話しやすい内容は「自分ごと」で話せますから、人となりも分かってもらえるので一石二鳥なのです。

ただここで必要なのは、聴き手にとって興味がある話であることです。いくら得意分野の話でも、聴き手が興味を持たない話だと、まったく意味がありません。

「聴き手の興味」に、興味を持ちましょう！

冒頭ダメネタは、自己紹介、時事ネタ、自慢話の「3J」です。

聴き手が3Jを聞きたいのは、キムタクか海老蔵くらいです。「自己紹介をするのは礼儀」と思っている方が多くいらっしゃいますが、不要です。

ビジネスプレゼンの聴き手は、講師に興味はありません。興味があるのは、テーマです。ダラダラ自己紹介している人に、聴き手は「早く始めてほしいなぁ」と思っています。しかしそんな聴き手も、自分が話す段になると自己紹介から始めるから不思議です。講師の自己紹介は、簡単に司会者にしてもらうか、資料に書いておくといいでしょう。冒頭の3分は緊張のピークであり、聴き手が聞くか聞かないか決めるタイミングです。ここを逃してはいけません。

たとえばプレゼンで、1枚目に図のような資料を使う人がいます。

このような自己紹介や趣味・家族自慢には、聴き手は100%興味はありません。

また冒頭3分で多いダメパターンは、説明資料の読み上げプレゼンです。

プレゼン資料1枚目の例

佐藤一郎です！

2008年：○○義塾大学○○学部卒業

2008年：△△商事に入社 主に新規事業開発を担当

2010年：□□□コンサルティングに入社
流通の戦略コンサルティングを担当

2013年：☆☆☆テクノロジーに入社
新規事業開発担当執行役員（現職）

趣味はウィンドサーフィン（○○大会４位!）

家族：妻、3歳の娘、おもち（メス1歳）

資料読み上げのために、人を集めているのではありません。

読み上げるくらいなら、紙で配付すべきです。

あるフランスの名優は、劇作家と「演技が大切か、脚本が大切か」と議論になり、「大切なのは脚本よりも演技だ」といって傍らにあったレストランのメニューを取り上げると、悲しそうに読み上げて、その場にいる全員の涙を誘ったそうです。私もぜひその場で聞いてみたかったものです。

でもほとんどの人は読み上げの素人です。大抵は棒読みになって聞くに堪えません。企業の経営者でも一本調子にまじめに読み上げている姿をよく目にしますが、小学生が教科書を読み上げさせられているようで見るのが辛くなります。冒頭3分くらいは何も見ずに自分の言葉で話しましょう。

地方で話すとき、ご当地ネタも注意が必要です。その土地の方々に気遣って話す方が多いのですが、外すことも多いからです。

ある地方で話したときのこと。冒頭で「実はこの土地の出身で、両親もこのホテルで結婚式を挙げまして」と話したら、聴き手の皆さんの表情が硬いままです。水を打ったように静かになってしまいました。「これは外した」と思いました。案の定、講演後のアンケートでも満足度が低かったのです。

ご当地ネタは、間違ったことを言って失敗するリスクが高いのです。大阪の講演会の冒頭で、「吹田《すいた》」を「ふきた」と言ってしまい、微妙な空気が流れたという知人の話を聞いて、「いやいや、そのくらいは知っててほしいかも」とも思いましたが、危険レベルは中の上クラスです。

せっかく用意していったネタがウケず、冒頭で空気が冷えてしまうと、温め直すのに時間がかかります。特に緊張している人にとってはムダな体力を使ってしまうのでダメージが大きいのです。できればご当地ネタは避けましょう。

最大のリスクは、冒頭の3分で失敗すると、緊張が活かせなくなり才能が発揮できなくなることです。まず基本に戻りましょう。あなたの目的は何ですか？　冒頭の3分を乗り切ることでしたよね。だから地元ネタを言わなくても、何も問題ありません。

冒頭3分で最優先すべきは、本題です。

お客さんはプレゼンのテーマを知り、「これが知りたい」と考えて来ています。「今日、何が得られるの？」と期待して来ているのです。「新しいことが聞けるかも」とワクワクしているかもしれません。

あなたは、ワクワクしているとき、期待と違うものが出てきたらどうですか？

牛丼を食べたくて店に入ったのに、「美味しいですよ」と天丼が出てきたら、どうでしょう？　私なら席を立って帰りたくなります。あるいはお腹ペコペコなのに、やたらと長時間待たされたらどうですか？　欲しいモノを早く出せば、一番期待の高いところでいい物

改善後のプレゼン資料1枚目の例

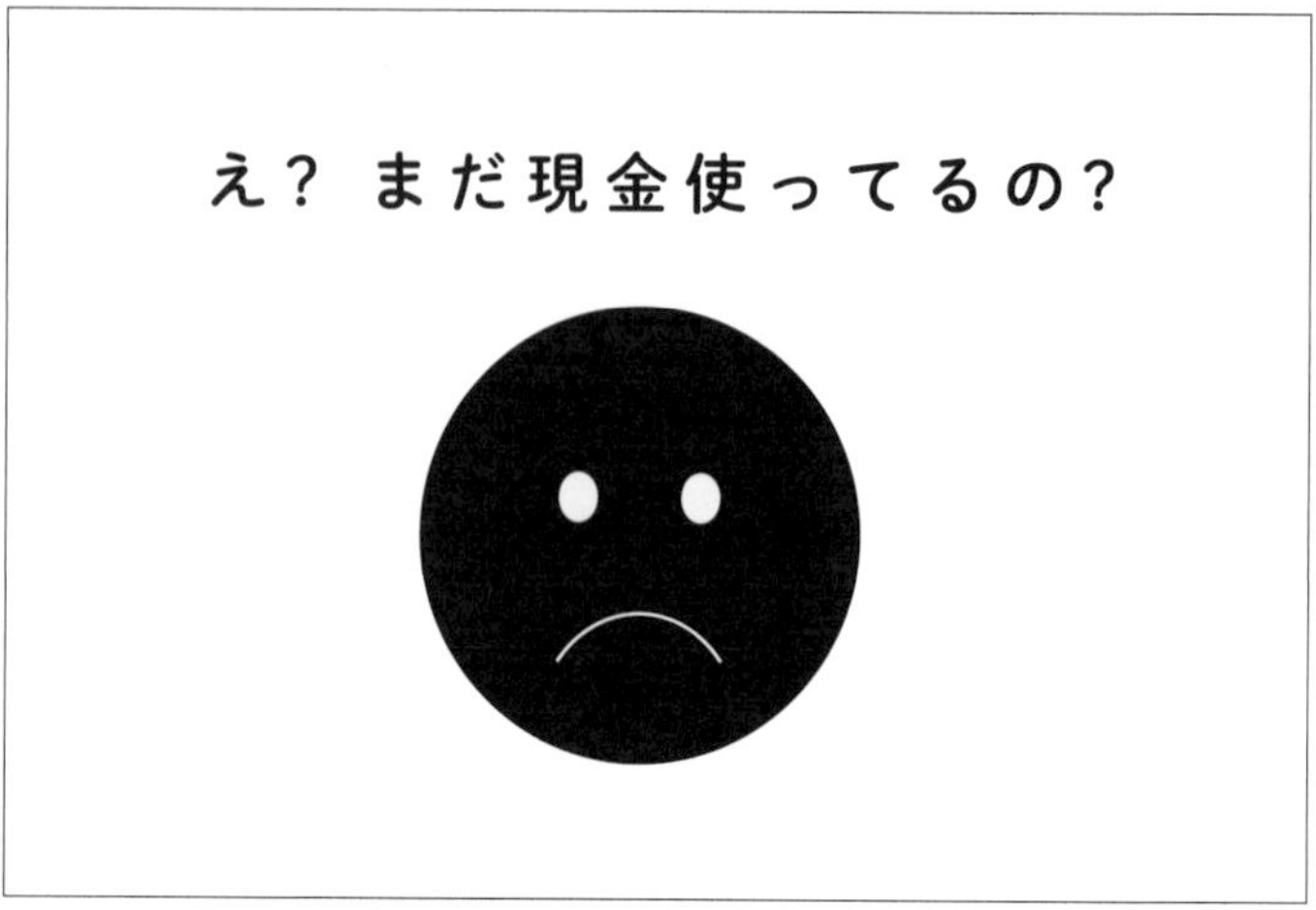

を提供できるので、満足度はあがります。期待しているものを、すぐに出すことです。

これは簡単にできます。

単刀直入にテーマに入れば、誰でもお客さんの期待に最大限に応えられ、満足度は確実にアップします。もちろん自分の名前くらいは言ったほうがいいですが、速やかに、ダイレクトに、プレゼンのテーマから入ることです。これは、早ければ早いほどいいのです。今はスピードの時代です。知りたいことはすぐに検索できます。「客はそんなに辛抱強くない」と、頭にたたき込んでおいてください。

たとえば1枚目は図のようにします。

これは「スマホの電子決済を使いましょう」

という提案のプレゼンです。

1枚目で大切なのは、「ツカミ」です。これでお客さんは「現金使っているけど、ダメなの？」と興味を持ち、その後も聞いてみたいという姿勢が一瞬でできあがります。

この後、「いまやスマホの電子決済は簡単だし、お得ですよ」という本題につなげます。

冒頭3分は、得意な鉄板ネタで乗り切る。

言葉は簡単にして、慣れている内容にしてください。慣れた内容をゆっくり話せば、震えても大失敗はしません。緊張して時事ネタや会社説明をしていると、印象はますます悪くなり、お客さんは「今日は聞かないでいいか」と判断します。

本番で「口が回らない」「身体が動きにくい」と感じるのは、緊張で身体が硬いままなのに、身体を速く動かそうとしているからです。なかなか動けないのにいつもより速く動かそうとすれば、身体がついてこないのは当たり前です。車のエンジンが温まっていない状態で、アクセルを踏み込んでスピードを上げようとするようなものです。

緊張する人が冒頭3分を乗り越えるには、いつも同じ得意な鉄板ネタでいいのです。

最初の3分を成功させれば、その後も気持ちが切れずに維持できます。

聴き手の集中力を途切らせず、この3分を乗り切ることが目的です。

第1章で紹介したとおり、「手が震える、足が震える、声が震える」という極度な緊張は永遠には続きません。最初の3分〜5分がピークです。5分を過ぎると緊張はゆるやかになります。安心してください。

冒頭3分は、道を歩いていてもしゃべれるようにしておくと安心です。

この「歩きしゃべり」は、私がよく用いる練習方法です。小さな声でもいいので、冒頭3分をブツブツ言いながら駅まで歩きます。この歩きしゃべりができるようになると、どんなことがあってもほぼ条件反射で話せるようになります。道でつまずいて転んでも話せますし、もし本番で頭が真っ白になっても口だけは自然に動きますから大丈夫です。もしあなたの家から駅まで徒歩6分なら、片道2回、往復で合計4回練習できます。これを1

週間続ければかなり安定します。慣れている話なら失敗する確率も下がります。冒頭3分間の練習を繰り返し、脳にインプットしましょう。

「いつもの話じゃ、飽きられるのでは？」と思う方もいるかも知れませんが心配いりません。お客さんは、あなたの「いつもの話」を期待しているのです。吉本新喜劇や時代劇でも、「いつものオチ」が出てくると安心するものです。緊張しながら慣れないネタを披露するほうが、よほど危険です。そもそも社外プレゼンでは、聴き手は意外と初めてあなたの話を聞く人ばかりなことも多いのです。

6 5分～10分は、「気を抜かない」

最初から5分過ぎれば、気持ちは少し落ち着いてきます。ただ緊張は続いていますので、気は抜けません。緊張を手放しリラックスして、楽をしようとしてはダメ。ここで大きなミスが出やすくなるからです。

私の知人の営業さんがプレゼンしたのを見たことがあります。緊張しつつ最初の5分はうまく乗り切ったのですが、極度な緊張がふっとゆるんだのか、皆の前で上司のことを「お母さん」と言ってしまったのです。この段階では普段なら絶対に言わないようなことが出やすくなります。「ああ、少し楽になった」ということは、大きなミスの可能性も増えているのです。

5分過ぎたら、アイコンタクトを使って乗り切ります。

5分過ぎは、激しい緊張がほんの少し和らいだタイミングです。次第に周囲も見えてきます。しかし一方で、
「お客さんの顔を見ると、あがって頭が真っ白になる」
「資料を読むのに手一杯、じっくりお客さんの顔を見たことがない」
とおっしゃる方が多いのも現実です。そこで、アイコンタクトをとるコツをぜひ覚えてください。必ずあなたを助けてくれますから。

話に入ったら、まずターゲットを決めて、その人と目線を合わせることです。

プレゼンでは、熱心に聞いてくださる人が必ずいます。

その人をターゲットに選びましょう。「そんな人、いないよ」と思うかもしれませんが、安心してください。私の経験では、必ず心の温かい良い人は一人以上います。この人がプレゼン成功のためのキーマンになります。「絶対に離さない！」というくらいのアイコンタクトを、優しく行いましょう。そんな人は複数人いることも多いので、ターゲットは数

分ごとに変えていきます（ただしあまり短い時間で常に目を動かし続けるのは落ち着きがなく見えてしまいますのでご注意を）。

アイコンタクトを始めたら、大勢に話しているという感覚ではなく、その人だけに語りかけているつもりで、話してください。

一人に向けたアイコンタクトが、多くの聴き手の心に響くプレゼンを生み出すのです。

マラソンで「ラビット」と呼ばれる人がいるのをご存知でしょうか？　レース前半でペースメーカーの役割をする人です。速い速度で、かつ均等なペースでレースや特定の選手を引っ張る役目の走者です。プレゼンでも、ラビットになってくれる方を見つけて話しかけることで、リズム感がつかめて流れを自分のペースに引き入れることができます。さらに激しい緊張を和らげる効果も期待できます。たとえばカラオケで歌うときに、仲間に手拍子を打ってもらったり、ニコニコしながら歌のリズムに合わせて一緒に身体をゆすってもらうと歌いやすくなりますよね。それと同じです。

もう一つ良いことがあります。一人に話しかけるつもりで話すことで、聴き手から見ると話し手に目力が宿り、説得力が上がって、話し手に落ち着きが感じられるようになるのです。

目力と説得力の効果のおかげで、聴き手全員が、まるで自分に一対一で話をされているように感じるのです。逆に全員に話しかけようとした途端に、目力が落ちて、落ち着きが感じられなくなります。目は心の窓とも言われます。アイコンタクトを行うことで、お客さんに心が伝わっていくのです。話し手がお客さんとアイコンタクトをとりながら話せば、お客さんは共感し、「もっと聞きたい」と必ず無言のメッセージを返してくれます。

ぜひ、勇気を持ってお客さんの顔を見て、怖いくらいのアイコンタクトをとってくださ い。ついでにお願いしたいことがあります。もしあなたが聴き手になったときは、ぜひ話し手とアイコンタクトをとってあげてくださいね。世の中持ちつ持たれつです。

7 リハーサルが下手でも、本番は成功する

音楽のコンクールで良い結果を出す人は、大抵リハーサルが良くありません。逆にリハーサルで素晴らしい演奏をする人は、本番はあまり良くなくて、せいぜい入賞で終わります。

プレゼンも同じです。本番当日は、本気でリハーサルをしてはいけません。本番が夜でも、午前中に本気を出してはダメです。

当日リハーサルでは、絶対に本気を出すな！

当日のリハーサルで本気を出して上手くいくと、不安が解消されて安心するものです。でも、「この日はココで終わる」のです。

緊張は、本番で最高のモノを出すための身体のメカニズムです。リハーサルで本気を出してしまうと、身体がリハーサルを本番と勘違いしてしまって、リハーサルで最高のモノを出してしまいます。車にたとえると、エンジンが温まっている状態なので、あっという間にメーターが振り切れてしまうのです。

リハーサルのコツは、「このくらいでやめとこう」と、自分に言い聞かせることです。

当日のリハーサルは、下手なくらいがちょうどいいのです。目的はあくまで、本番のお客さんの前で良いプレゼンをすること。緊張はあなたのリミッターを外すためのものです。リミッターを外せるのは、1日1回まで。リハーサルでリミッターを外してはダメなのです。1日何度もご利用可能な定額サービスとは違います。

「プレゼン直前にどんな行動をしているか？」で、プレゼン結果が決まります。せっかくの緊張を大切に運ぶために本番の日は計画的に動いてください。

何度も言いますが、本気を出せるのは1日1回です。リハーサルで本気を出すのは、前日か前々日にしましょう。

8 ダメプレゼンをする人は、直前に資料を修正している

本番を成功させようとして、直前に資料を手直ししたり、練習したりしていませんか？

あるいはお客さんと名刺交換したり、ハイテンションで雑談していませんか？

私のクライアントの本番を見にいったときのこと。「ついでだから」と、プレゼン直前に会場でミーティングを入れていたのです。念を押して「本番前は集中してくださいね」

と言っておけば良かったなと思いましたが、後の祭り。いつもの調子が出ずに、プレゼンはイマイチでした。

名刺交換や雑談は、プレゼン後でもできます。あなたのこの日最大のミッションは、「プレゼンを成功させ、お客さんが感動し、動くこと」。それなら、そのミッションを成功させるための行動をとりましょう。周囲には、こう伝えればいいのです。

「本番前なので、準備に集中させてください」

そしてプレゼン直前の自分の時間を、コントロールしましょう。

そもそも、なぜ集中できないのでしょうか？　人前で話せば緊張します。緊張すると、普段より多く雑多なことを考えがちになります。これは緊張すれば誰でも起こる反応です。あなたの集中力が足りないのではありません。

緊張して集中できないのは、本番で力を発揮するための準備が整いつつある証拠なのです。

本番間際に資料を変更すると、この身体の準備を妨げてしまいます。本番間際に何か思いついても、プレゼンが良くなることはほとんどありません。むしろ本番直前は、意図的に何も考えない時間を作りましょう。

私の場合、少なくとも90分前には会場付近に到着し、静かなカフェやホテルのラウンジに入ります。ちょうどいいカフェがなければ会場の待合スペースでもOK。主催者側に楽屋を用意していただければベスト。私は集中できる場所がないとき、人けのないトイレの個室に入ったこともあります。30分、何も考えない時間を作るためです。できるだけ周りの音を遮断するために耳栓をし、椅子に座り、静かに目をつぶります。最初のうちは、「これでもか、これでもか」というほど、いろいろなことが頭の中に浮かびますが、その一つ一つを、箸でつまみ出すようにイメージします。そうすると、頭の中が徐々に静まってきます。頭の中が空っぽの壺のような状態になるのです。このような状態になってから臨む本番は、頭の中がすっきりとクリアになり、緊張していても、身体は集中できています。この状態になり、緊張を維持して、本番に臨むことです。逆に忙しくてこれができないときは、結果が思わしくないことが多いのです。もしプレゼンで集中したければ、プレゼン前の「あれやこれや」はやめましょう!

9 「オレ本番強いから」は99％勘違い

「本番になれば、なんとかなる」と思っているあなた。

本番では、なんとかなることは、100％ありません。

「本番強いから」という人も、注意が必要です。もともと緊張しない人もいますが、これは正確には「緊張できない」人であり、緊張の恐怖を知らないで過ごしてきた人であることが多いのです。「こんなもんでOK！」と思っているので、本来持っている能力が発揮できていない状態で本番に臨んでいるケースも多いのです。

ある外資系IT企業のハラダ部長は、緊張しないタイプです。この外資系企業は、一般的にプレゼンが上手なイメージです。

「あ、プレゼン？　ＯＫＯＫ。え、準備？

オレ、本番強いし。人前で話すのは慣れているから。

資料を用意してくれれば、ちゃんと話すからさ」


とハラダ部長。ところが本番が始まってみると、ダラダラと自慢話が続きます。加えて緊張感なく話しています。そして時間オーバー。何を話したのか頭の中にまったく残りません。ハラダ部長は、この日の目的を考えていないのです。だから伝えるべきことが決まっていないので、お客さんに何も訴求できていません。結果、アンケートをとると顧客満足度はとても低かったのです。


さらに最大の問題は、この部長さんには反省がないことです。

「顧客満足度が低かったですよ」と報告しても、「そうかぁ。残念だなぁ。お客さん、オレの話を理解できなかったのかなぁ」。だから、また同じことを繰り返します。

逆に緊張する人は、自分がダメだと反省し、うじうじ悩んでいます。これは良いことです。うじうじと振り返ることで、この経験を活かしてレベルアップすることができるのです。

「オレ、緊張しないから。適当に話すよ」という上司の真似は、絶対にしてはいけません。私の周りにも「緊張する」と言いながら、実はそれほど緊張しないタイプの人が何人もいます。緊張しない人は緊張する人の気持ちが分からないので「場数を踏めば緊張しなくなる」とか、「リラックスすればいいんだよ」とか、「緊張なんて関係ない。掌に『人』と書いて3回飲めばいける」とか、良かれと思ってアドバイスします。これは、お酒に強い人が、弱い人の気持ちが分からないのと似ています。

緊張する人が構成も決めずに話すと、しどろもどろ、頭真っ白、緊張地獄に陥ります。「緊張して話せない」という人は、必ず話の構成を決めること（※緊張するけれど、緊張しない人より必ず説得力が上がるプレゼンの構成方法は、第3章で説明します）。そしてどんなに短い挨拶でも、簡単に構成を決めた上で話すことです。「いつものあの話」でいいのです。緊張する人には、緊張する人向けの構成があります。構成を決めれば、才能を発揮することができます。事前に戦略を立てることです。

ある日私のお客様が、こんなことをおっしゃいました。

「この前のプレゼンで、聴き手の人たちが自分のひと言ひと言に集中して聞いているのを実感したんですよね。2時間のプレゼンがあっという間でした。こんな体験、初めてです」

これは心理学で**「フロー体験」**と呼ばれているものです。

あなたも、読書に夢中になって没頭したり、スキーで周囲の風や樹々の空気を感じながら気持ちよく滑っていたりして、その行為に完全に没頭してあっという間に時間が過ぎた経験がないでしょうか？　これがフロー体験です。フローを体験している最中は、自分がいつもよりも強くなった感じがして、大きな幸福感に浸り、自分の成長を実感するようになります。

このフロー体験は、明確な目標があり、行動した結果がすぐ分かり、高いスキルレベルが求められる行動をするときに起こります。

プレゼンも、まさに目標が明確で、聴き手の反応がその場で分かりますよね。

そして聴き手が高いレベルを求めている場で、緊張を活かしていいプレゼンができると、このフロー体験が生まれるのです。実は私もしばしばこのフロー体験をしています。

プレゼンで技術が伴わないと、結構辛いものです。でも場数をこなしていくと、徐々に

本番直前はこれをやろう！

1.服装の乱れチェック

2.脈を測って同じぐらいの速度で歩く

3.指で口角を上げる

4.息を吸って、第一声は、その日話すテーマから

あなたのプレゼンのスキルも上がり、このフロー体験が生まれるのです。逆にリラックスして緊張しないプレゼンを続けていては、フロー体験は得られません。

このレベルまで来れば、まさに緊張という才能を活かしてプレゼンで人を動かせるようになるのです。

フロー体験を目指しましょう。

本書に書いた方法論を活用すれば、このレベルまでレベルアップできます。

上の表はコンサルティングを受けていただ

いた方にお渡しする「本番直前に見るカード」に書いていることです。緊張しているとついつい忘れがちになってしまいますから、ぜひ直前に一度目を通してみてください。

第2章まとめ

トリセツ通りにプレゼンすれば あなたの緊張は、才能に変わる

・緊張を活かすには、方法がある
・10回の練習より1回の録画
・冒頭3分は、得意ネタで乗り切れ
・最高のモノは、1日1回しか出せない
・本番でなんとかなると思うのは間違い
・フロー体験を目指そう

第3章

「何を話せばいいの？」

口下手でも、緊張しない人に勝てる方法

1 自分のタイプを見極めよ

緊張して震えていても、滑舌が悪くても、地味で目立たなくても、なぜか説得力のある人がいます。50人以上の社長さんのプレゼンを取材して、その理由をじっくりと考えてみました。考え尽くした結果、出た答えは、

「何を話すか」決めて話しているからです。

まるでその場で思いついたように話す話し上手な人を見ると、「天性のもの」と思ってしまいます。でもはっきり言いますが、本番のその場で、何かいいことを思いつくことは、絶対にありません。

まずは「何を語るか」をしっかりと作り込むことです。

「何を話すか」には作り方があります。そのためには、基本の作り方を覚える必要があります。そこで第3章では、何を話せばいいのかの作り方を説明します。

話す内容は、自分の強みの土俵に引き込みましょう。

自分らしくふるまうと普段の生活でも楽ですよね。

プレゼンも同じです。自分らしくふるまえば、緊張するプレゼンもぐっと楽になります。出来不出来の差も少なくなります。

「でも、自分らしくってどうすればいいの？」と思いますよね。

実は皆と違う自分らしさを見つける方法があります。それが、「トッププレゼン・マトリックス」です。

社長さんや役員さん向けに作ったものなので「トップ」という名前が付いていますが、すべての人が使うことができますので、ご安心ください。

トッププレゼン・マトリックス®

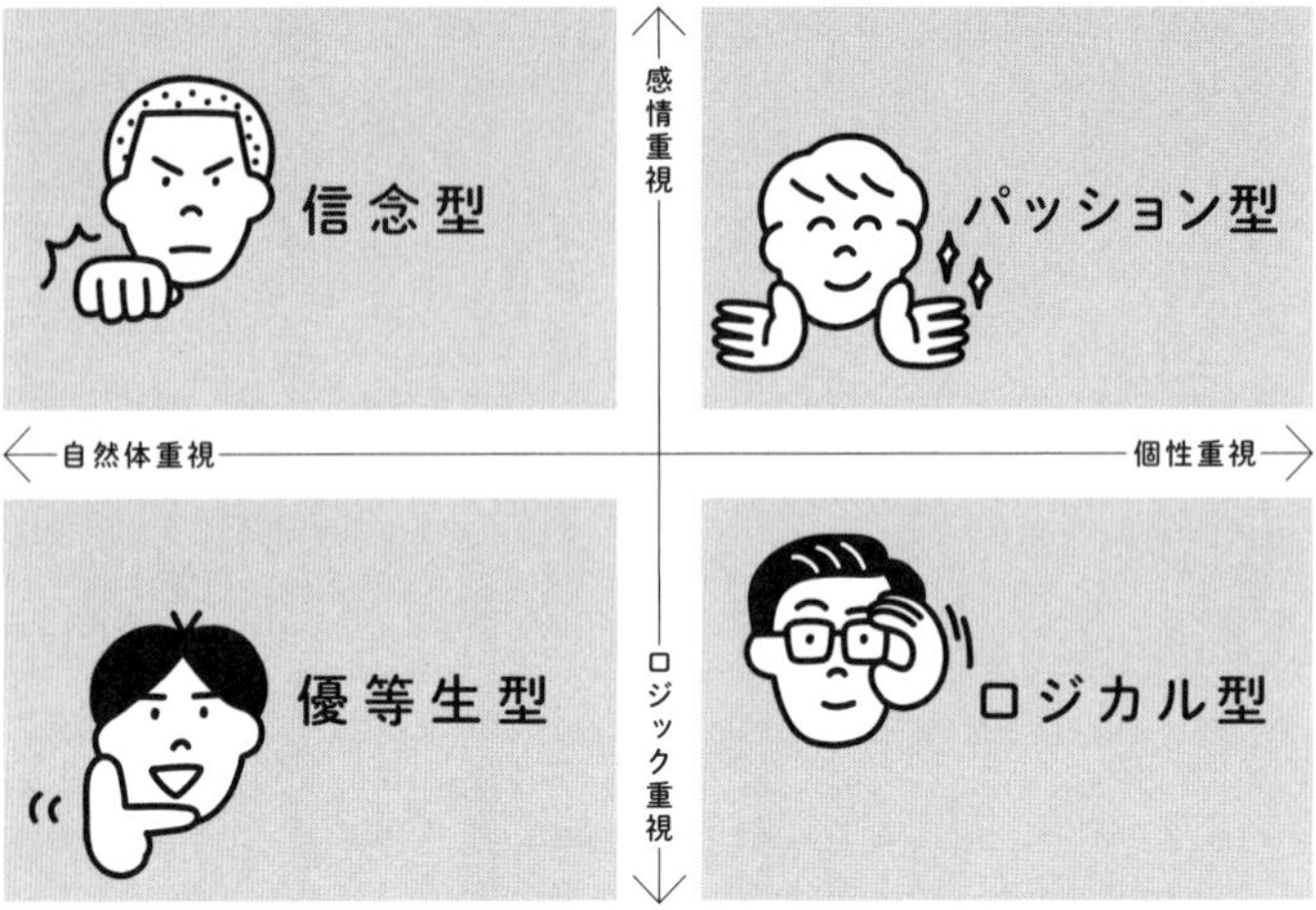

これは「感情重視―ロジック重視」と「自然体重視―個性重視」で整理して、話し手を「パッション型」「信念型」「ロジカル型」「優等生型」の4タイプに分類したものです。どのタイプが良い・悪いということはありません。それぞれに強みと課題があります。これを考えることで、自分らしさを活かした、訴求力あるプレゼンができるようになります。

実際に多くのお客様にこのトッププレゼン・マトリックスを使ってコンサルティングをして、ご自身の分析をしていただいたところ、数多くの反響をいただきました。

「自分のスタイルで話せばいいと分かり、安心しました」

「アップルのスティーブ・ジョブズがプレゼンの理想型だと思っていました。でもそうではないことが分かりました」

「このマトリックスで自分のプレゼンを分類してみたら、自分の思い込みとはまったく違う結果になりました」

このマトリックスで自分のタイプを見極めれば、自分の強みの土俵でプレゼンできるようになるのです。

コンサルティングにいらした営業のタカハシさんは、最初はスティーブ・ジョブズのような華やかなプレゼンを希望していました。試してはみたのですが、どう見ても不自然。小学生の学芸会のように無理に演じている感があり〝イタい〟のです。そこで、マトリックスで分析してみると、タカハシさんはご自分が希望する「パッション型」ではなく「信念型」でした。タイプに合わせると、水を得た魚のようにイキイキとしたプレゼンができるようになりました。

実は自分が思っているタイプと、周囲が思っているタイプが違うことは、とても多いのです。

このマトリックスでまず自分がどのタイプかを考えてみた上で、同僚や家族など、身近な人にどう思うかを聞いてみることをおすすめします。あなたのプレゼンを見るのは、他人です。正しいのは、周囲の人が見たタイプです。

それぞれのタイプごとの傾向と対策、そして何を話せばいいかを具体的に見ていきましょう。自分がどのタイプかイメージしてみてください。

パッション型

パッション型の人は、普段もパッションを出して仕事をしています。だからいつもの仕事の状態をそのまま活かせば、説得力が出ます。具体的には、たとえば現場目線で話す、仕事の現場感を出すなど。お客さんの懐に入るのが上手いので、プレゼンでも採り入れてください。聴き手とのコミュニケーションがポイントです。

思いきりよくロケットスタート

冒頭から格好つけずに、たとえばお客さんにいつもしている「いらっしゃいませ〜！」というときの勢いを出します。プレゼンで「今日はいらっしゃいませ〜！」と言ったパッション型もいます。ポイントは、「ロケットスタート」です。大きな声も武器になります。インテリぶると良さが活きません。多少雑になる部分があってもOK。思い切りやることです。冒頭から飛ばすのは怖いですが、手足や声が震えても、なるべく早い段階でお客さんを自分の「強みの土俵」に引き入れることです。

パッション型は、勢いを出すと自分のリズムに乗ることができます。元気なオーラを発散するために本番当日はよく寝て臨んでください。前日の飲み会は控えましょう。

むちゃ振りしていい

メンバーに、「詳しい人に説明してもらいます、○○さん、お願いしまーす！」という感じで、思い切り振ったりするのもOKです。

ある小売業のS社長のプレゼンでは、お客さんから商品リクエストがあったとき間髪入れずに、「ヤマダぁ〜！　聞いてる〜！　お願いね！」と、担当者さんに大きな声で振って、好感度抜群でした。いつものメンバーに声をかけることで、空気を仕切る主導権を握ることもでき、「この人は仲間を大切にする人なんだな」という印象も伝わります。

「はい、質問です！」と交流する

冒頭から「はい、ここで質問です！」と聴き手に振り、お客さんと交流する手法を採り入れ、聴き手との垣根を外します。

パッション型は、聴き手との垣根があると緊張を十分に活かせません。緊張している勢いで聴き手の懐に飛び込み、そこで生まれる聴き手の熱量も自分の熱量にしてしまいます。

政治家のK議員が、地方の特産品について紹介しているときのことでした。「はい、質問です。この水はどこ産の水か分かりますか？」と聞いて始めました。一名手が挙がり「おっ！　知ってますね！」と、すかさずコミュニケーション。一気に垣根が外れ、あっという間に聴き手を自分の強みの土俵に引き込んでしまいました。

「ディナーショー」のように歩み寄る

演歌歌手のディナーショーのように客席の中まで入っていき、製品を見せたり、触ってもらったりして説明します。聴き手の方からあなたに歩み寄ることは決してありません。あなたが歩み寄るのです。聴き手との垣根を力技でこじ開けてください。

ODK（オヤジギャグ・ダジャレ・仮装）

パッション型の人はODK（オヤジギャグ・ダジャレ・仮装）を積極的に利用しましょう。パッション型なら不自然になりません。熱いパッションがODKの濃さで増幅されるからです。ダジャレが得意なら封印すべきではありません。ダジャレは洗練された大人の言葉遊び。だから恥ずかしがることはありません。

鳥取県の平井知事は、別名「ダジャレ知事」。

鳥取県にはスターバックスコーヒーがないことを突っ込まれたとき、「鳥取にはスタバはないけれども　日本一のスナバ（砂場）があります」と言って鳥取県の知名度を格段にアップさせました。他にも「あの手この手で知恵を出しています。なぜなら鳥取県には、カニはあるけど、カネはない」など多くの名言で鳥取県をアピールしています。

またあるクラフトビール会社の社長さんの得意技は、仮装です。あるプレゼンでこの社長さんを取材したとき、商品キャラクターを細部まで全身リアルに表現して登場し、一気に会場の空気を支配しました。仮装すると「自分でない自分」に変身し、緊張が無意識に才能へと変わります。

ＯＤＫを使うなら、日頃の研究を怠らず、プレゼンでは必ず１回以上使用すること。そしてプレゼンの度に繰り返し使うことです。これであなたの「お約束」になります。お客さんはあなたのＯＤＫを楽しみにプレゼンを聞きに来るようになるのです。

パッション型の人物例：小泉進次郎議員

常に現場目線を失わず、自分の言葉で話す。演説では聴き手に呼びかけるのが得意技。意外にダジャレも言う。強い視線と低く響く声からパッションが伝わってくる。小泉進次郎議員がオドオド話したら強みが活きません。

信念型

表にパッションを出さなくても、強い信念を持って取り組んでいます。だからプロジェクトを立ち上げたきっかけ話や、なぜこの仕事をしているか、という信念を語るといいのです。

「決め台詞」で記憶に残す

自分の仕事や人生に対する信念で「決め台詞」を作ると、強い印象を伝えることができます。そして決め台詞は、繰り返し使うことで、「この台詞の人ね」と記憶されます。たとえば元日本IBM会長の北城恪太郎さんは、プレゼンでは必ず「あたま」（「あかるく、たのしく、前向きに」の略）という言葉を使うので、常に前向きでポジティブな印象を聴き手の記憶に残します。

「自分語り」が共感される

テーマと関係ある「自分語り」をしましょう。「自慢話と受け取られないか？」と心配される人もいますが、不思議と信念型ならばそうなりません。自分の信念があるので、自分語りをすることで共感され、強みが活きるからです。失敗談やしんどい経験を語れば効果抜群。ただダラダラと長くなりやすいので、内容はまとめて話すことです。

「方言」は人柄が伝わる

「方言」「訛り」は、積極的に活用しましょう。「田舎出身で、方言や訛りがちょっと恥ずかしいんですよね」と努力して標準語にする方がいますが、みすみす強みを捨てているようなものです。あまりにももったいないです。

「儲かっていますか？」と言うより「儲かりまっか〜」のほうが、柔らかみや明るさが出ますよね。方言や訛りは、緊張感を和らげ、温かみが出ますし、その人ならではの人間性や人柄が伝わってきます。もし標準語に慣れて忘れていたら、頑張って思い出してでも使ってください。

ただしいくら方言がいいと言っても、方言のアクセントを出身者でない人が真似した途端にバレてしまいます。方言こそ「出身者ならではの強み」になるのです。

「必殺技」で流れを変える

古くは佐々木小次郎の「燕返し」、ジャイアント馬場の「16文キック」、アントニオ猪木の「卍固め」「延髄斬り」、イチローの「レーザービーム」。これら必殺技には、使い手の信念が込められています。ワザからその人の人生観さえも香り立ってきます。あなたが信念型なら、プレゼンの必殺技の一つくらいは持っておきたいところ。あなたには「信念」という武器があります。その信念をワザにこめるのです。必殺技を持てば、もしプレゼン冒頭の15秒ルールで失敗したとしても、逆転ホームランを狙えます。

ある大手ビール会社の社長さんも、信念型です。冒頭のプレゼンでは緊張のあまり、何を話しているか意味不明。会場全体に微妙な空気感が流れ始めていました。その後なんと、ビール営業一筋の強みを活かして、新商品のビールを見事に一気飲み。会場から「おお〜っ」と大きなどよめきが起こり、流れが変わりました。そこからが真骨頂。舞台上では見事な食べっぷり、飲みっぷりで、饒舌になりました。嬉々として話す説得力は群を抜いていました。奇跡の逆転ホームランを打ったのです。

信念型の人物例：羽生結弦選手

決め台詞の「羽生語」を駆使し、独特の自分語りにも引き込まれる。必殺技は世界一のジャンプ。

信念型でも別格、カリスマ的存在の「超越ゾーン」

「信念型」の中には、カリスマ的な魅力を持ち、何を話しても許されてしまう「超越ゾーン」があります。ここに属する人たちは、「大ボラ吹き」を自称することもあります。信念を持って会社を立ち上げた創業者社長に多くいるタイプです。

「大ボラ」という名のビジョンを語る

大きなことを言えば言うほど喜ばれる希有な存在が、「超越ゾーン」です。大ボラは「大きなビジョン」。皆がワクワクするような、できるだけ大きなホラを吹きましょう。

「自由」に話す

台本を用意しては強みが活きません。独自の世界を持っているので、その世界観や夢を語れば人は聞いてくれます。大きな流れだけ決めたら、自由に話すことです。

理念を「メタファー」で言葉にする

メタファーとは、分かりやすい物の例えをすることです。たとえば日本電産の永守会長が日頃から「アイデアは出せば出すほど、次々と湧いてくるで〜！　だから『井戸掘り経営』や！」と言うように、年齢を問わず誰でも分かるような言葉で語ることがポイントです。

「意味不明の方言」で差別化

ビジネスでは相手に伝えることが大切なので、分かりやすい言葉で話すことは必要だと思われるかもしれません。でも、超越ゾーンだけは意味不明の方言を使うことで逆に「この方言の人ね」と強く印象づけられます。超越ゾーンの人は、いかに人と大きく差別化するかに集中してください。たとえば「そやドゲンデンよか（それはどうでもよい）」「オラ、すっぱいすねがらっしゃ！（私、失敗しないので）」などと言われると、記憶に深く残ります。

「※お取り扱いにご注意ください」

超越ゾーンの人は説得力が高い反面、調子に乗ってくると、不用意なことを話す場合もあります。心配な場合は、メンバーに同席してもらい、サポートしてもらう用意が必要です。

信念型・超越ゾーンの人物例：坂本龍馬

ホラを吹きながら大きなことを成し遂げる。理念やビジョンを説き、相手を味方にすることに長けている。熱烈なファンも多い。

ロジカル型

論理的に整理立てて話すのが得意。数字にめっぽう強い。反面、ロジカル型はとっつきにくい面もあり、感情面を軽視しがちです。そこで強みを活かして、弱みを補う戦略が必要になります。

「数字遊び」で笑いを誘う

得意の数字で語呂合わせして覚えてもらうのもいいでしょう。「私の久美子という名前のとおり、93万5000円で発売します」など、自分の名前を語呂合わせしたり、「25・9度の角度で『ズゴック』（アニメ「機動戦士ガンダム」の戦闘用ロボット）です」など、数字を言葉に置き換えれば、得意な数字の強みを活かして、聴き手も受け入れやすくなります。ポイントは、あくまでまじめな表情で言うこと。その方が、面白味が際立ちます。ウケなくても気にしないことです。さらに面白味を加速させます。誰かの「クスッ」という笑いがもれれば大成功。「クスッと笑い」は氷山の一角と心得ましょう。みんな心の中で爆笑しています。しつこく繰り返せば、どこかで耐えきれなくなり、必ず全員が笑い出します。

「暮らしの言葉」で伝わりやすく

ロジカル型は、専門用語を多用しがちなところがあります。カタカナ用語は難しいことを一言で説明できるメリットがあり便利なので、ロジカルな人ほど多用しがちです。でもプレゼンの鉄則は、どんな人でも分かる言葉で話すこと。「中学生でも分かること」を目安に、分かりやすく話してください。私はこれを「暮らしの言葉」と呼んでいます。もし感覚が分からなければ、一度家族の前で話してみてください。家族が理解できれば、暮らしの言葉で話せています。もし家族が理解できなければ、それは本質的なことを話していない証拠です。プレゼンは、暮らしの言葉で話しましょう。

「ファミリー効果」で好感

ロジカル型では、プライベートな話をほんの少し盛り込むととても効果的です。まじめな顔をして、「奥さんに叱られて……」「休みの日は子供と遊んでます」「ウチの犬がね」などと話をすると、意外性から「この人も、血の通った人間なんだな」と皆が安心して好感度倍増です。聴衆に自分からウケを取りにいかず、あくまでギャップ萌えを狙うのがロジカル型の正しい姿なのです。

ただしファミリー効果は、料理でいえばスパイス。少し効かせるだけで味が驚くほど変わる特別なスパイスです。ですからたくさん入れすぎないように注意してください。

ロジカル型の人物例：日銀の黒田東彦総裁

数字に正確でロジカルな説明は一級品。仕事は頑固で無表情。しかしたまに見せる笑顔は驚きのチャーミングさで、見られればラッキー。財務省内の愛称は「クロトン」だそうです。愛称に人柄がにじみ出てます。

優等生型

礼儀正しく、決して道を踏み外さず、まじめ。４タイプの中で最もプレゼンが面白くないタイプ。でも決してがっかりする必要はありません。トリセツ通りにやれば、最強のプレゼンになる可能性を秘めています。

存在感は、消していい

他の3タイプと比べて、優等生型は存在感が薄いのが特徴です。こんなときは、無理に存在感を出そうとすると、逆効果で「イタい」ことが多いもの。むしろあえて、いるのかいないのか分からないくらいに「存在感を消す」。ムリして存在感を出そうとすると強みが活きません。ひっそり立っていて「いたの？」と思われるくらいにすると、かえってあなたらしさが引き立ちます。

「ビオトープ」をつくり、チームを引き立てる

そして存在感を消したら、チームでプレゼンを行うようにします。その際に、他のチームメンバーの積極性を引き出すのです。ここが腕の見せ所。こうするとチームメンバーがイキイキするようになります。水槽にサメを入れたら、他の生き物を食べてしまいますよね。そうではなくて水槽の水草になるのです。水草になれば、メダカやオタマジャクシはイキイキとします。いつのまにかホタルも飛ぶかも知れません。このように色々な生き物が仲良く住んでいる空間を「ビオトープ」と言います。

存在感のない人は、チームメンバーの活躍を邪魔しません。チーム全体で説得力を出せる「ビオトープ」づくりに徹するのです。

「下手ウマ」が心地いい

優等生型が無理矢理雄弁に語ると、強みは活きません。いつも通り、ゴツゴツ話したり、

ぽつぽつ話したりしてください。おじいちゃんがいろりの横で昔話を話すイメージです。無理に格好をつけないことで、人は心地よく話を聞いてくれます。

「いじられキャラ」に徹する

優等生型は、意外といじられるのが似合います。チームメンバーにいじられても温厚そうにニコニコしていること。決して不機嫌になってはいけません。小学校のクラスにそういう人がいませんでしたか？　ニコニコするだけで、ものすごく好感度が高くなります。皆も安心して面白いことを言ってきます。プライドを少しだけ捨てると、あなたのビオトープはどんどん成長していきます。

「メイン料理から」単刀直入に

もしチームではなく一人で勝負するなら、単刀直入にテーマから話してください。もしコース料理だったとしたらメイン料理を最初から出すイメージです。「今日は良い鯛が入ったので」と言って、すぐに出しましょう。存在感が薄いからこそ、内容は骨太・ストレートにしましょう。

プレゼンは、結論から話そう

起　桃から生まれた桃太郎が大きく育った
承　村人は鬼ヶ島の鬼にいじめられていた
ノイズ―転　桃太郎は村娘と恋に落ちたが、心機一転
結　桃太郎は手下を従え、鬼をやっつけた

結　桃太郎は手下を従え、鬼をやっつけた
承　実は村人は鬼ヶ島の鬼にいじめられていた
起　なんと桃太郎、桃から生まれたんですよ

構成は「結承起」で

優等生型がやりがちなのが、「時系列プレゼン」です。まじめな性格なので「順番に説明しなければ」と考え、「起承転結」で構成してしまうのです。しかし「起承転結」は話が長くなりがちで、聴き手は退屈してしまいます。

そこで、ぜひやっていただきたいことがあります。まず「起承転結」のプレゼンチャートを1枚ずつ印刷します。そして机の上で、最後のチャートから最初のチャートへ、逆の順番に並べます。そして結論からストーリーを考えるのです。この際に「転」の部分はあえて削除します。

理想は「結承起」なのです。昔話の「桃太郎」で言うと「桃太郎は鬼をやっつけた」から始めるのです。

特に注意いただきたいのが「転」です。物語だと「転」があることで彩りが出て面白くなります。映画「スター・ウォーズ」でも、主人公たちが様々な困難にぶつかってハラハラドキドキですよね。でもビジネスプレゼンでは、これは単なるノイズです。勇気を持って、外しましょう。

最初は気持ち悪いかもしれませんが、冒頭で意図が明確になり、聴き手は聞いてみたいという姿勢が瞬時にできあがり、あなたも話しやすくなります。

存在感が薄く、話し下手で、いじられている、一見頼りないあなた。でも、その強みを極限まで活かすことで「あなたをなんとかしてあげたい」と思う人が必ず現れます。

優等生型の人物例：カラテカの矢部太郎さん

周囲への気遣いを欠かさず、素朴な語り口調は好感度が高い。もし矢部さんが雄弁に話し始めたら商品価値が落ちてしまいますね。

2 話し上手に勝つ「バリュープロポジション」の考え方

誰も自分の話を聞いてくれないし、寝ている。いつかプレゼンで勝ちたい！　でも、自分はあがり症で話が下手。ライバルはプレゼン上手だし……。そうお考えの方は、ぜひこの方法を試してください。

必要なのは、「聴き手が期待していて、自分しか語れないことを、語ること」

これを語れれば、話し上手のライバルと戦っても、不戦勝で勝てるようになります。「そんなこと、できるの？」と思うかもしれませんが、実は難しくありません。

たとえば、「クラスで人気者のアイちゃんと仲良くなりたい！」とします。

でもアイちゃんの周りには、「勉強ができる」「スポーツができる」「イケメン」「面白い奴」など、とても勝ち目がないライバルがたくさんいます。緊張してしまって、まったく話しかけられません。そこでまず必要なのが、アイちゃんを理解することです。あなたがアイちゃんの好きなものを調べたら「アニメ」でした。アニメであれば、秀才にもイケメンにも、あなたは勝てます。そこでアイちゃんの好きなアニメを調べて、アイちゃんも知らないようなコアなネタを仕込んでおきます。そして、アイちゃんの好きなアニメのフィギュアをさりげなく見せれば、最初の話のきっかけを作ることができます。こうすればアイちゃんと仲良くなれる可能性は、格段にアップします。

話し下手でも、自分しか語れない、相手が関心あることを語れば、相手は真剣に話を聞いてくれます。

バリュープロポジションを考え抜き、あなたの強みを活かせ!

できることだけ
話しても、
聴き手に伝わらない

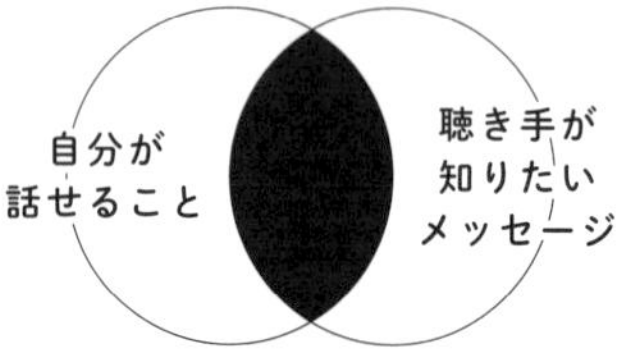

聴き手が知りたい
ことを伝えれば、
聴き手は聞いてくれる

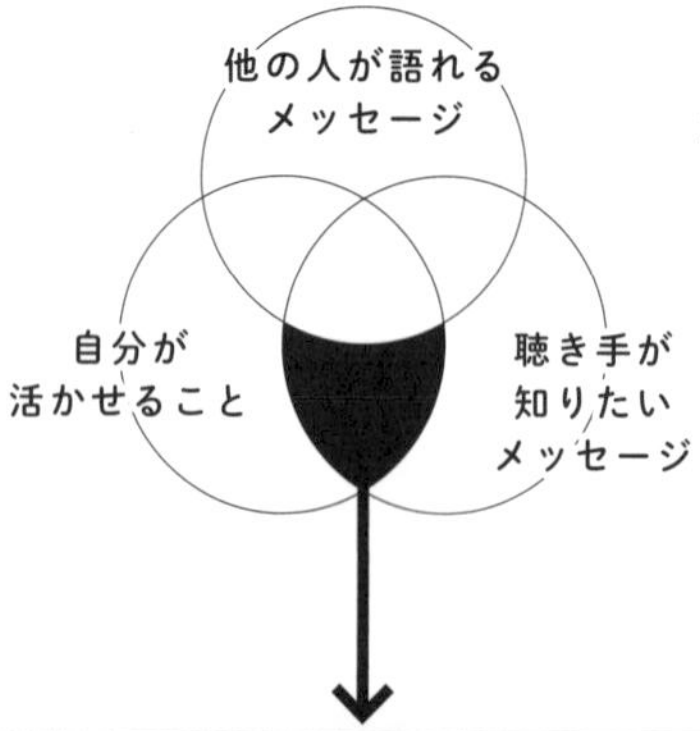

さらに誰も語れない
メッセージであれば、
聴き手は感動する

バリュープロポジション
自分だけが語れるメッセージ

ここで大切なのが、「バリュープロポジション」という考え方です。バリュープロポジションとは「お客様が求めていて、自分だけが提供できる価値」のこと。マーケティング戦略ではこのバリュープロポジションが、あらゆるマーケティング施策の出発点になるのです（※バリュープロポジションという言葉を覚えなくても、この後の展開にはまったく支障ありませんので、安心して忘れながら読んでください）。

プレゼンもまったく同じです。

自分が話したいことだけをいくら上手に話しても、聴き手が知りたいことでなければ、相手には届きません。さらに相手が聞きたいことでも、他の人でも語れる内容だったら、相手は聞き流します。聴き手が求めていて、自分しか語れないメッセージを話すことで、相手はあなたのプレゼンを聞いてくれるようになります。だからこそ、自分しか語れないバリュープロポジションを見極め、バリュープロポジションを語ることが必要なのです。

バリュープロポジションは、次の3点セットで考えます。

〔三つの質問〕

1 聴き手が知りたいことは何か？

2 ライバルが語れることは何か？
3 自分しか語れないことは何か？

たとえば、アイちゃんと仲良くなりたいあなたのバリュープロポジションは、こうなります。

1 聴き手が知りたいこと：アイちゃんはアニメが好き。
2 ライバルが語れること：勉強、スポーツ、イケメン、お笑い、それぞれの得意なこと。
3 自分ができること：（勉強やスポーツはダメでも）アニメなら得意。

バリュープロポジション↓コアなアニメの話題で、アイちゃんに喜んでもらい、仲良く

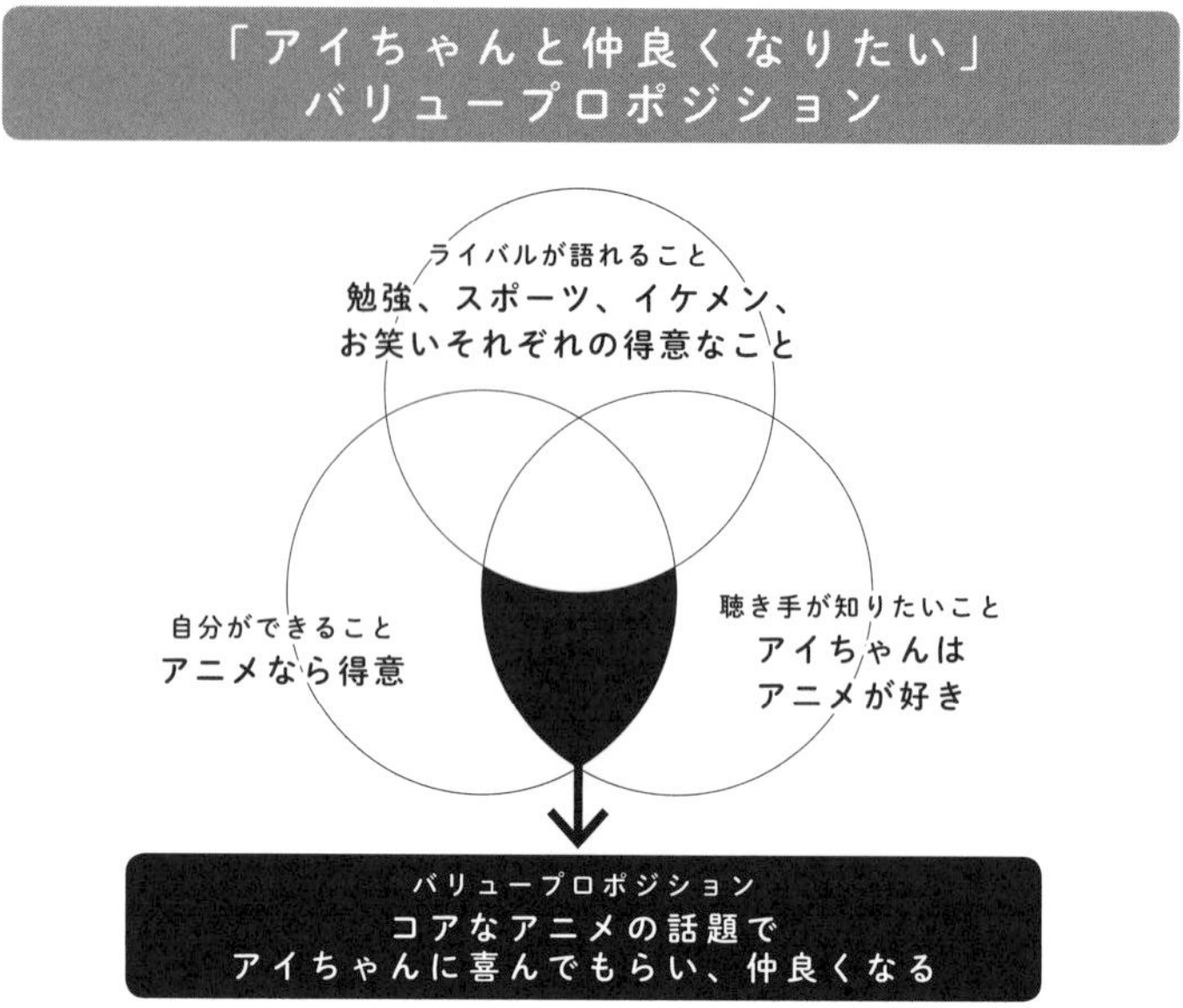

なる。

「地球の男は35億」と言ってブレイクしたブルゾンちえみさんも、バリュープロポジションが明確です。

〔ブルゾンちえみさんのバリュープロポジション〕

1 聴き手が知りたいこと：もっと面白いタレント、いないの？
2 ライバルが語れること：お笑いでも可愛くて美人は多い。一方で「ちょいブスタレント」はギャグネタの天才。
3 ブルゾンちえみさんができること：個性的な風貌で、上から目線の美人ＯＬ風に語るというギャップを出せる。

バリュープロポジション→イケメン男性を従えて「この世の男は35億」と豪語。キャリアウーマンになりきって笑いをとる。

これはプレゼンでも応用できます。私のお客様の例を紹介しましょう。

社長のバリュープロポジション

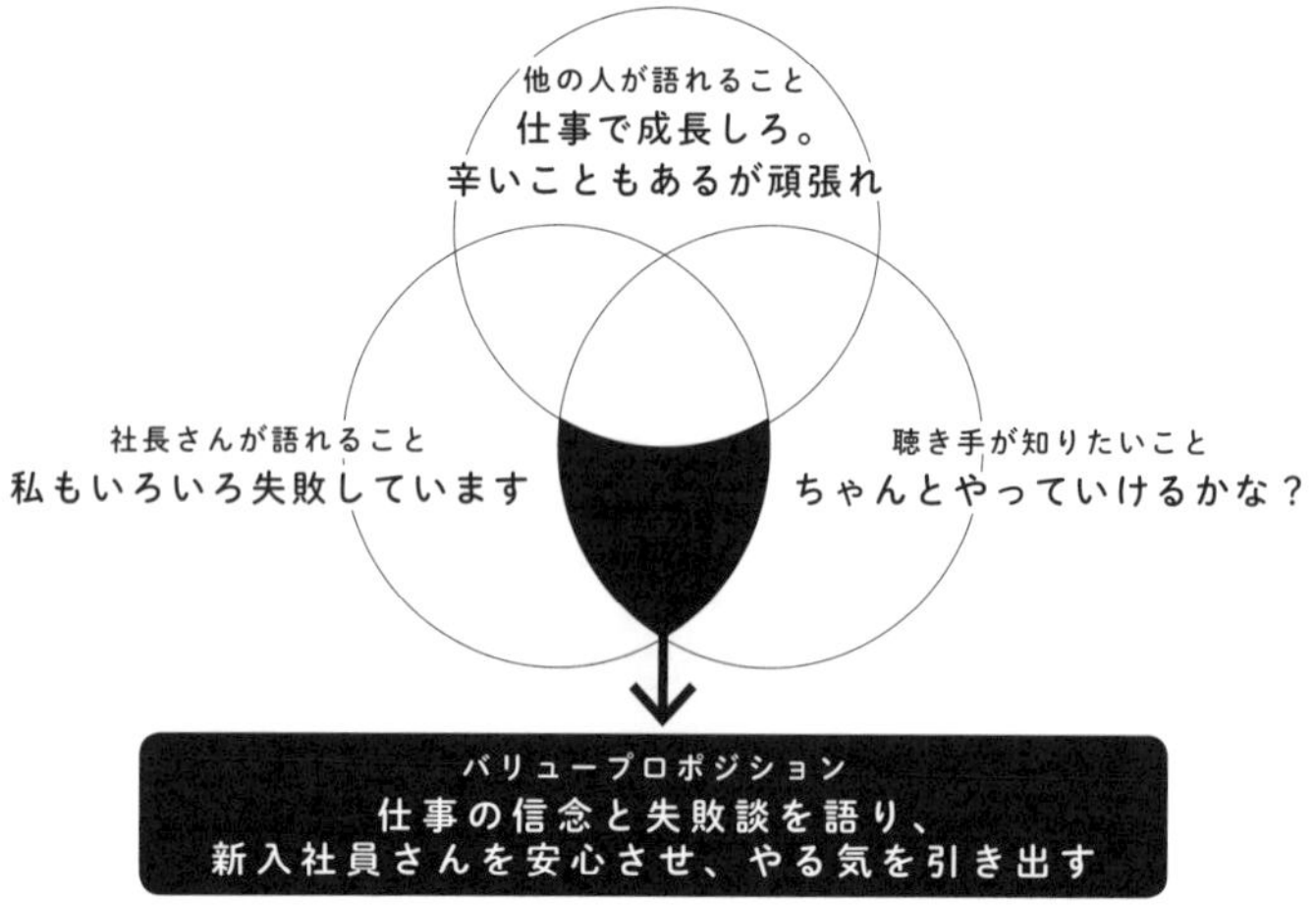

この方はエンジニア出身で信念型の社長。地味で無口。実直な性格です。一見哲学者のような風貌で近寄りがたい印象もあります。さらに部下の作った資料を読み上げるのが習慣になっているので、説得力もいまひとつでした。

入社直後の新入社員さんへの挨拶で、プレゼンすることになりました。社長さんは、「新入社員には、すぐに辞めてほしくないんだよね。できるだけ長く働いてもらいたいなぁ」と思っています。社長さんの真の目的は「辞めてほしくない」です。

自分の信念なら、資料を読み上げなくても話せます。そこで、仕事の信念や、若い頃の失敗談をバリュープロポジションに従って語ってもらうことにしました。

1 聴き手が知りたいこと：ちゃんとやっていけるかな？
2 他の人が語れること：仕事で成長しろ。辛いこともあるが頑張れ。
3 社長さんが語れること：私もいろいろ失敗しています。自分の仕事の方法は、失敗を恐れず進むこと。

バリュープロポジション↓仕事の信念と失敗談を語り、新入社員さんを安心させ、やる気を引き出す。

プレゼン後のアンケートでは、9割以上の人が「とても良い」に〇をしていました。コメントにも「仕事でしんどくなったら、社長の言葉を思い出して踏ん張りたい」とありました。社長さんの目的は達成されそうです。

3 ムリめな自分を演じると、結局、損をする

婚活の話ばかりで恐縮ですが、私はモテませんでした。そこで「どうすればモテるか」を考えた末、婚活パーティに行くとき、一生着ないだろうと思っていたピンクのワンピースで出かけました。さらに子供は苦手なのに、「子供が好きだから、ピアノの先生してま～す」と心にもないことを言ったりしたのです。すると、今まで1人も声をかけられなかったのに、いきなり何人も声をかけてくるようになりました（ここだけの話ですが、ピアノの先生と保育士は、婚活では絶大な威力を発揮する職業です）。

でも、実際に声をかけていただいたお相手と話してみると、ぜんぜん話が合いません。ムリめな自分を演じていたからです。「話が合わない人からたくさん声をかけられても、まったく意味がない」と分かりました。そこで、お見合いにはいつも通りのパンツとシャツで出かけるようになりました。最初はなかなか良い相手に巡り会いませんでしたが、最

終的には価値観の合う人と出会えました。

ビジネスでも同じです。自分の本来の強みを活かせないことをしていても、なかなかうまくいきません。逆に本来の自分の強みが活かせないお客さんばかりが集まってきます。でもそれではお客さんもこちらも不幸です。自分の本来の強みを活かせば、その強みを求めるお客さんが集まってくるのです。

4 人はロジックでは動かない。感情で動く

その日、警察署の運転講習教室に、免許を更新する人が約100名集まりました。マンガ本持ち込みのヤンキー、二日酔い風のサラリーマン、夕食の買い物のことしか考

えてなさそうな主婦など、やる気がなさそうな人たちばかりです。

警察の担当者が出てきて、「30分ほど映画を見ていただきます」。

映画開始数分後。それまでマンガを読んでいたヤンキーもふくめ、全員が食い入るように画面を見ていました。

暗い。実に暗い映画です。その映画のタイトルは、「悲しみは消えない」。

真面目なサラリーマンが、大変だった仕事を成し遂げた打ち上げ飲み会の後、ついつい車を運転。飲酒事故を起こし、相手の男性は死亡。被害者の家族は、一気に悲惨な生活に転落。幸せだった被害者の奥さんは、深夜まで内職の造花作り。加害者の男性は実刑で刑務所入り。加害者の奥さんも悲惨な生活に転落し、息子は学校でいじめられる。トドメはエンディングで、さだまさしがとうとうと歌い上げる「償い」。

その日、免許更新を終えて自宅に帰った夫は、こう言いました。

「あのさ、ウチの車、売ろうよ」

警察の運転講習というと、大抵は定年間近の警察官が出てきて、

「えー。県下の交通事故件数、増加中です。運転はくれぐれも気をつけて。で、今年の道路交通法の改正は3点です。1点目は……」

といった感じで、半数以上の人が寝ているイメージですよね。

しかし、この映画の実習は秀逸でした。

まず、目的が明確です。「飲酒運転を、撲滅させる」。

目的達成のためのコンテンツも明確。なにしろ「悲しみは消えない」に「償い」ですから。

そして、その目的を実際に達成しています。

この映画を見た我が家は車を手放しているので、たとえ飲酒運転をしたくても、できなくなりました（そもそもお酒を飲まないので飲酒運転はできませんけど）。さだまさしが、私たちに車を手放す決断をさせたのです。

このコンテンツづくりが素晴らしいのは、次の一点に尽きます。

「人は感情で動く」ことを、完璧に理解していること。

事故件数や法律改正といった事実を、いくらロジカルに話されても、人は動きません。

しかし「たった一つの過ちが、多くの大切な人を、悲惨な生活に突き落とす」というシンプルなストーリーを見ることで、人は我がことに置き換えて考えるようになり、心を動かされ、行動を変えるのです。

5 人を動かすには、ホラを吹け

この見出しを見たあなた。こう思いませんでしたか？

「ホラを吹くなんて、とんでもない」

普通、まじめな人はそう考えますよね。でも時と場合によっては、ホラを吹くことは

ＯＫです。抜群の効果を発揮します。まじめに事実を淡々と述べるだけがプレゼンではありません。ちょっとした差で、人が動くか動かないか、そして、ビジネスで生き残れるか生き残れないか、大きな差がついてくるのです。

ホラの取り扱いにはポイントがあります。それを教えてくれるのが、「**センスメイキング理論**」です。

〔センスメイキング理論の一例〕

ハンガリー軍の小部隊が、アルプスの雪山で訓練中に猛吹雪にあって動けなくなってしまいました。隊員はみな死の恐怖におののいています。

すると一人の隊員がポケットから地図を発見。一同、「これで降りられる」と勇気が出て、全員で下山を決意しました。地図を片手に、大まかな方向を見極めながら進み、無事に下山は成功しました。

上官は、戻ってきた隊員が握りしめていた地図を見て、驚きました。

それはアルプスの地図ではなく、ピレネー山脈の地図だったのです。

これはセンスメイキング理論を提唱するカール・E・ワイクが著書で紹介しているエピソードです。

なぜまったく別の地図なのに、助かったのでしょうか?

まったく見当外れの地図だったのですが、地図を見つけたことで、「これで下山できる。命が助かる」というストーリーを皆で共有したことがポイントです。このおかげで「猛吹雪の中を歩く」という行動を始めることができたのです。「下山すれば命が助かる」というストーリーを共有しているので、団結は揺るがず、絶体絶命の危機を脱したのです。

このように「意味を作り、共有し、チームの方向性が与えられる」のが**センスメイキング理論**です。

人は感情で動きます。ここで大きな武器になるのが、感情であり主観なのです。人は、話し手の生き様や哲学などが反映された物語に共感することで、「聞いた話」が「自分ごと」となり、行動が変わります。

米大統領選挙でヒラリー・クリントンがトランプに敗れたのは「感情」が伝わらなかっ

たからと言われています。一方でトランプは、シンプルに「メイク・アメリカ・グレイト・アゲイン」と言い続け、感情に訴え続けました。

メッセージを語るときには、骨太なストーリーが必要です。他のコンテンツを削ってでも一つのシンプルなストーリーを語ってください。真剣に「ホラを吹く」ことで、常識で考えると起きえないような奇跡を起こし「未来をつくり出す」ことができます。

私は昔、社会人合唱団を運営・指導していました。人も集まらず団員は練習もサボりがち。私が先に到着しポツンと練習場で待っていました。開始1時間後にやっと一人目が「ちゃーす」と入ってくる有様。私はいつも「怒ってはいけない、怒ってはいけない……」と自分に言い聞かせながらやっていました。団員から不満の声も上がり、団はバラバラでした。

こんなとき、ホラを吹いたことがあります。やる気が出ない団員が集まっている前で、極度に緊張しながらプレゼンをしました。聞いている団員の無表情が緊張を加速させます。「団員が増えて上手になれば、有名な作曲家にこの合唱団だけの曲を委嘱して書いてもらえるようになりますよ。歌詞は団員さんに書いてもらいます」

プレゼン後。団員は一気にやる気になって団結したのです。でも、言ってはみたものの確証は持てません。もし実行することになったら、知り合いのつてを頼って、作曲家の先生までたどりつける目処はついていました。でも有名な先生が本当に受けてくださるかどうかは分かりません。「でも団員が上達して、先生方に熱意を込めてお願いすれば、きっと実現できる！」と腹を括っていました。

結果、団員はやる気になり、オーケストラと共演したり、有名ホールで毎年定期演奏会を実現できました。諸々の事情で委嘱の件は実現しませんでしたが、合唱連盟から「歴史もない新しい合唱団なのに、なぜそんなことが次々できるんですか？」とよく聞かれました。追い詰められてホラを吹くことで、高い目標を達成することができたのです。

もちろんウソはダメです。不祥事の際に、実は自分は知っていたのに「知らなかった」という社長がいます。これはごまかすための大ウソ。目的は自分の保身です。しかし大ボラは違います。ごまかしではありません。自分の保身ではなく、組織を大きく成長させて皆を幸せにするために自分を追い込み、腹を括るために、大ボラを吹いているのです。大ボラは言い換えれば、「大きなビジョン」。だからホラは、大きければ大きいほどいいのです。

ビジネスは結果がすべてです。そしてプレゼンの目的は、人が共感して動くこと。ホラを吹くのは、自分を追い込むためなのです。

未来を魅力的なストーリーで語る経営者がいます。

「未来は、自家用ドローン。そのためのモーターを作っている」日本電産　永守重信
「人工知能は人の幸せとハーモナイズできる」ソフトバンク 孫正義
「ミドリムシが地球を救う」　ユーグレナ　出雲充

優れた経営者は、自社の方向性について、ストーリーテリングに長けている人が多いのです。

さて唐突ですが、あなたは夏休みの宿題をいつやりましたか？　私は8月24日からやり始めるタイプでした。

「もう1週間しかない。このままだとやばい！」
そう思わないと行動できない人間だったのです。
周囲に聞くと、「31日にやった」という人も多くいて驚いたことがあります。ほとんどの人は、後ろが切られるような危機感がないと行動しないものなのです。

人が行動するための物語力をあげる際にはこの「危機感」が大事な役割を果たします。感情が揺さぶられ、伝わりやすくなり、行動につながるからです。
テーマが「生き残れるか否か」のような「危機感」まで迫れば、聴き手の感情を大きく動かします。ただ、危機感と言っても、身近なものでいいのです。

ここで二つプレゼンの例をご紹介します。

〔例プレゼン1〕
「皆様、本日は足をお運びくださいまして、まことに感謝申し上げます。我が社は、大豆食品の会社で、健康分野にも取り組んでおります。大豆につきましては長い歴史があり、お客様第一というポリシーも持っております。大豆加工についても、独自技術がございます。それは……（10分経過）さて本日は、我が社の高い技術を活用した、必ず成功するダイエット食品の発表を行います」

〔例プレゼン2〕

「皆さんこんにちは！　私は1年前、医者から『このままだと5年後に死ぬよ』と言われました。写真は今より10キロ太っていた当時の私です。コレステロールも血圧ももの凄く高くて異常値で体調も悪く、『ダイエットしろ』と言われても失敗続きでした。今はすべて正常で、医者も『大丈夫』と太鼓判を押しています。今日はこんな私だからこそ成功した、『成功するダイエット食品』の製品発表会です」

どちらのほうに説得力があると感じましたか？

〔プレゼン1〕はよくあるパターンです。〔プレゼン2〕は、自分自身の生死に迫る体験で物語を語り、製品を紹介しているので、抜群の説得力を発揮しています。

人は自分がそれまで知らなかった驚きに関心を持ちます。

だから自分だけが持っている、他人を動かすような危機感とストーリーを語ることです。

人が動く良いプレゼンとは、「危機感」と「大ボラ」そして「物語」なのです。

6 失敗談は成功談より100倍伝わる

「私、昨日もナンパされちゃって〜」

「うちの娘（3歳）、もうアルファベットが読めるのよ」

「甲子園に出場して準決勝まで行ったんだ」

飲み会のたびにこんな自慢話を延々と聞かされると、どんな気持ちがしますか？

日経新聞の「私の履歴書」は人気連載です。とても面白い内容ですが、中には自慢ばかりの人もいます。そんな中、ニトリの似鳥昭雄さんは失敗談の連続でした。学校の成績が1か2ばかりで母親に「1が一番いいんだ」とウソを言って騙していたけど結局バレたとか、奥さんが高校時代に女番長だったとか、あやしげな取引の仕事をしていたとか、一度読んでから「えっ？　今何て書いてました!?」と、目をゴシゴシとこすってもう一度読み直してしまうほどの過激な内容。似鳥さんの連載期間だけは、ついつい日経新聞を最終面から読み始めてしまっていました。この連載は世間でも共感を呼び、大きな話題になりました。

失敗談は、理屈抜きに面白いのです。

成功談ほど、つまらないものはない。失敗談ほど、面白いものはない。

失敗談を話せば、皆が耳を傾けます。ただ、使い方に大事なポイントがあります。

1自らの「失敗」「挫折」というマイナスの部分を、格好つけず、大いに語ること。
2失敗から学んだことを伝えること。

多くの人は、「失敗を語ると自分の評価が下がる」と考え、「恥をかきたくない」というプライドもあって、過去の成功体験ばかりを語りたがります。しかし、失敗から得た学びを語ることで、聴き手は共感し、感動し、良き方向に行動を変えます。これがプレゼンの神髄なのです。

今、世界は「失敗してもどんどん挑戦しよう」という流れになっています。不確実で、変化のスピードがますます速くなっているこの世界で、将来の方向性を決めることはとても難しいこと。スピード感を持って挑戦し、成功していくには「失敗」はつきものです。プレゼンで失敗を語ることは、恥ずかしいことでも何でもないのです。

column

羽生選手のプレゼンはどこがすごいの？

羽生選手は〝何を語るか〟を周到に準備しています。ビジネスのプレゼンでも参考になります。

羽生語＝「決め台詞」を持っている

羽生選手は、「王者になる」「アクセルは王様のジャンプ」「僕は勝ちたい」といった、羽生選手の生き様や哲学などが反映された「羽生語」を持っています。あちこちで繰り返し話すことで、訴求力が高まり、注目されていくのです。

〔羽生語いろいろ〕

1「アクセルは王様のジャンプ」

↓アクセルにこだわる羽生選手ならではの言葉。

2「王者になる。まずそう口に出して、自分の言葉にガーッと追いつけばいい」

↓一番にこだわる。

3「僕は勝ちたい」

↓「『いい演技をするのが目標』なんて謙遜する選手が多いけど、完璧な演技で負けたら屈辱的でしょ！　僕は勝ちたい」とも言っている。あくまで勝負にこだわる。

4「王者に勝てば自分が王者。だからまねして滑ったんです」（パトリック・チャンと一緒の練習で）

↓プライドより勝負に価値を置く姿勢。

5「ほんとのほんとの気持ちは嫌われたくない」「僕がしゃべったこと、僕のつくってきた歴史は、何一つ変わらない」

↓このとき事前にメディアで叩かれていました。本当は嫌われたくないけれど、自分の意思は通しますよという気持ちを自分なりの言葉で示している。

なぜ羽生語のような「決め台詞」が良いのでしょうか？
それは、メディアにとって、「羽生選手の決め台詞は、使える」からです。訴求力の高い言葉を使えば、そのまま記事になるので取材の対象になりやすいのです。もし計算してやっているとしたら、羽生選手恐るべしです。

この方法は皆さんも社内で使えます。多くの人がプレゼン資料を作るのに精一杯で、決め台詞を考えていません。この機会に、ぜひ考えてみてください。決め台詞を繰り返せば、聞いた人は他人に言いたくなるのです。社内で「○○○と言えばこの人」となります。決め台詞をプレゼンで使えば、あなたの言った言葉が聴き手に強く記憶され、ビジネスに結びつくのです。

語り部の能力

昔、語り部《かたべ》という人が日本にはいました。語り部が話す面白いお話は、何百年と語り継がれて、「日本昔話」のような物語になって残っています。羽生選手には、この語り部の能力があります。

記者に「足の怪我は大丈夫ですか?」と聞かれて、普通のスポーツ選手なら「はい、大丈夫です!」とか、「リハビリ頑張ります!」とハキハキ答えるのが一般的です。羽生選手の場合は、「痛み止めを飲まないとジャンプが降りられるような状態ではない。跳べるような状態ではない。正直言って……」と、とうとうと語り始めた場面がありました。

羽生選手は、物語を語る高い能力も持っています。自分の言葉で「自分の物語」を人に伝え、人の心を動かすのです。これは、リーダーとして大事な資質です。羽生選手が将来その資質を活かせば、引退後も世界的に影響力のある存在になっていくのではないでしょうか。

一般的なスケート選手は氷上では素晴らしいのに、話し出すと「『あれっ?』な人」が多いものです。羽生選手は、普通のスポーツ選手と違います。「何が何でも頑張ります」『絶対、金とります」といった『単細胞言語』を使いません。羽生選手を見る限り、思いつきで話している内容ではありません。事前に、〝何を語るか〟を周到に準備していることが分かります。自分の物語を持ち、それを常に考え抜き、自分の言葉で語る能力がある。それが羽生選手の強みです。他の人はここまでしません。その場の思いつきで語る「言葉の自転車操業」をする人が多いのです。

準備するだけで、結果は大きく違ってきます。

人は、物語で動く。

それがプレゼンの神髄なのです。

あなたも、自分の体験を物語にしてプレゼンで話しましょう。あなたの体験は、あなた自身は当たり前と思っていても、地球上であなた一人しか持っていません。皆が興味を持つのは、あなたの体験の物語です。

羽生選手のバリュープロポジション

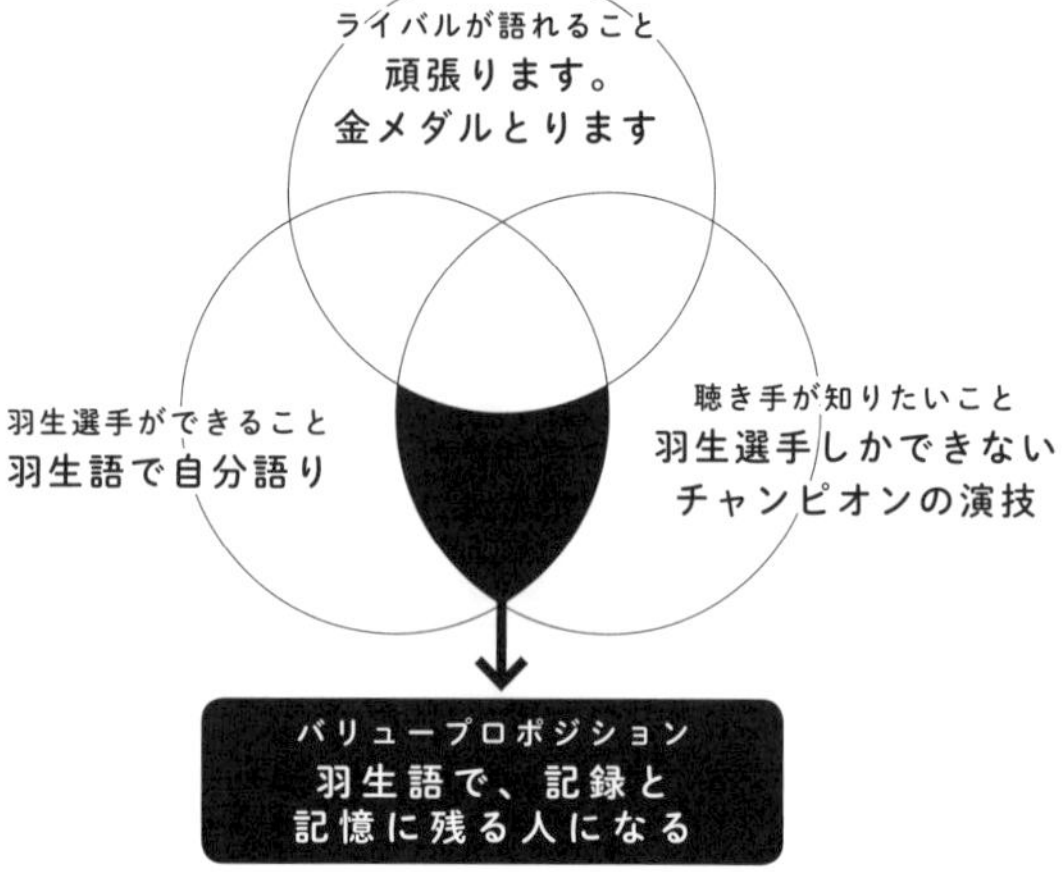

〔羽生選手のバリュープロポジション〕

1 聴き手が知りたいこと：羽生選手しかできないチャンピオンの演技。

2 ライバルが語れること：頑張ります。金メダルとります。

3 羽生選手ができること：羽生語で、自分語り。

バリュープロポジション→羽生語で、記録と記憶に残る人になる。

羽生選手は信念型

羽生選手は、「私服に無頓着」とファンの間でも有名です。これは信念型の特徴でもあります。でもそのギャップに萌えるファンも多いのです。こだわりのアクセサリーなどをつけたりすることで、訴求力が高まります。羽生選手は、自分語りをするところも信念型らしいところです。信念型は、「決め台詞」「自分語り」など、自分の強みを活かすと、プレゼンも成功しやすくなります。

第3章まとめ

聴き手が知りたがっている
自分だけのメッセージを、
パッションをこめて、
ストーリーで語れ！
失敗談こそスパイスだ

・人はみんな違ってみんないい
プレゼンも同じ

・自分しか語れないことは必ずある

・あなたの話を聞きたいと
言わせる三つの問い
①聴き手が知りたいことは何か？
②ライバルが語れないことは何か？
③自分しか語れないことは何か？

・正確さより心に訴えるホラを

・決め台詞で、記憶に残る人になる

第4章 「じゃあどうすればいいの？」

緊張で、聴き手の心を動かす方法

1

息を2回吸えば、大抵の問題は解決する

プレゼンでは、緊張で身体がガチガチ、呼吸も満足にできない。棒立ちになり、資料を読み上げているだけ。こんな状態なのに、プレゼンで聴き手の心を動かすことなんてできるの？　と思われるかもしれません。

まったく問題ありません！

極度の緊張でプレゼンに臨んでいる私でさえできるのですから本当です。
ほんのちょっとしたコツさえつかめばできることなのです。

初めて自転車に乗れたときのことを思い出してみてください。

何かの拍子に乗れるようになったという人が多いのではないでしょうか？　たとえばスピードとか、微妙なバランスとか。私は、補助輪を外して友達に後ろを押さえてもらいながら、スピードを出したのがきっかけでした。「スピードが出るなぁ」と思って後ろを振り返ると、友達は手を離していたのです。

これは、プレゼンでも同じです。滑舌や、声の響き、話しの抑揚、身振り手振り、歩き方、目線……全部気にしていたら、頭がおかしくなりそうです。話せなくなってしまいます。技術に気を取られすぎては、肝心の目的を果たせません。

あなたの目的は、「プレゼンを聞いた人が動く」こと。その目的を達成するには、たくさんある課題を全部つぶすのではなく、最重要点に集中することです。

プレゼンを上手く行えば、ビジネスが成功し、人生が変わることもあります。しかし、ほとんどの人が効果の上がらない自己流でお茶を濁しているのが現状です。

私は日本のサラリーマンの頂点にいると思われる社長さんたちのプレゼンをたくさん見

てきましたが、意外なことに緊張を野放しにしたままで、活かしていない人が多いのです。

そして面白いことを発見しました。社員の皆さんも、社長さんと似たプレゼンをしているのです。あるマネージャーさんに、「いつもこんなプレゼンをしているのですか」と聞いたら、「ウチの業界は、このようにプレゼンしてきたから……」との答えでした。

ほとんどの人は他人と同じようなプレゼンをしていて、聴き手を動かすプレゼンをしていないのです。みんながやっていない今こそ、大きなチャンス。ちょっとしたコツを身につけるだけで、あなたの評価は上がり、人生が変わる可能性も上がります。

そこで第4章では、緊張している人が才能を発揮する技術のコツに絞ってお伝えします。皆さんにとって「これだけは」という必要なものだけをセレクションし、最短でできる方法でお伝えします。

〔緊張＋呼吸で、信じられないような力が出る〕

プレゼンで緊張すると、困ったことがたくさん起こります。

声が小さくなる、声が震える、早口になる、言葉の頭を言い直す、大事な言葉がなぜか突然言えなくなる（会社名や商品名、人の名前、数字など）、キンキンと甲高い声になってしまう、一本調子になる、語尾が消える、声がかすれる、頭の中が白くなる、気持ちが途切れる、質問が恐怖、質問に対して意味不明の答えを言ってしまう……。

考えるだけでプレゼンしたくなくなりますよね。

でも問題の9割は、息を2回吸えば解決します。

「息を吸う？　いつもやっているし、簡単だよ」と思われるかもしれません。でも実際には、プレゼンできちんとした「息の吸い方」ができている人は少ないのです。ほとんどの場合、声が響かない原因は息が吸えていないことです。特に緊張すると、体が硬くなって十分に息が吸えなくなるので、声がか細くなったり、震えたりしてしまいがち。話す前にしっかり息を吸うように意識すれば、声は良くなります。ベストの状況に持っていくことができます。

緊張する人は、息を2回吸いましょう。

2回吸う理由は、横隔膜が緊張していて1回だけでは固まったまま上手く吸えないからです。そこで1回予備運動で吸ってからもう一度吸うと、上手くいくのです。

ただし、まったく緊張しない人は、1回でOKです。つまり、

「緊張していて、しんどい……」と思ったときは、しっかり2回吸え！

緊張すると、自分が気がつかないうちに息が吸えていません。こういうときは呼吸するのです。

〔息の吸い方〕

1回目は静かにゆっくり吸う（1回目は鼻から吸ってもOK）。

2回目は口から大きく吸って、それから話す。


一番よくないのは、息が吸えないまま慌てて話すことです。

これでは話も失敗しやすいのです。さらに息の吸い方は、話す内容にも大きく影響します。話す人の息の吸い方を見れば、聴き手は次に「どんな声で話すか」「どんな内容の話をするか」が予測できます。予測できることで、内容をイメージしやすくなり、同じ立場に立って聞くことができます。


たとえば、美しい景色を見たとき。

「(はぁ〜！↑感動して息を吸う）なんて美しいんだ！」となります。

この様子を他人から見ると、「はぁ〜！」と息を吸った時点で、「何かを表現しようとしているんだな」と予想できます。

逆に「ハッ！」と激しく息を吸うと、「次に激しい内容のことを話すだろうな」と予測できます。

息を使って聴き手へ感情表現で内容を伝えられるようになると、共感を得やすくなります。お客さんが予測できるようになれば、気持ちも話し手と足並みが揃うようになり、内容の理解が速くなるのです。そのためには、思い浮かんだことを行き当たりばったりで話すのではなく、あらかじめ「何を話すか」決めた上で、その内容に合わせて息を吸うことです。

声を出す前に吸う息は、鼻ではなく、口から吸ってください。ヒーリングやヨガで、鼻から呼吸すると落ち着くとアドバイスされることがありますが、発声は別です。

なぜ口から息を吸うのがいいのでしょうか?

良い声のためには、口の中の空間をできるだけ広くとる必要があります。音のよく響くホールは天井が高いですよね。口の中を良いホールと同じ状態にすることで、声が響くようになるのです。

試しに鼻から吸ってみてください。舌の根元が上がって上顎にくっつきます。この状態だと、口の中が狭くなって声は響かなくなります。口から息を吸うことで、舌が下がって口の中の空間を維持することができます。「声を出すぞ」と思ったら必ず口から息を吸ってください。

良い声で話すためには、

口から息を吸う↓話す（息をはく）↓口から息を吸う↓話す（息をはく）↓以上を繰り返す

この繰り返しが、良い声で話すことにつながります。

人間は、話すときの息は無意識に口から吸っていますが、声を良くしようと思ったら、息を吸う動作を常に意識することが必要です。たったこれだけで、声が良くなります。

また息を吸うことで、上級者のような間合いをとることもできます。

2回吸うことで間合いをとることになるからです。これはお客さんに話し手の余裕として伝わるので、むしろ良いのです。自分も落ち着きます。

こんな高等テクニック、聞いたことありませんか？

「『どれくらい採用されていると思いますか？』などの数字を問いかけて、3秒間間を置く」

かっこいいですね。一見説得力が上がりそうです。でも緊張状態でこれを行おうとしても難しいのです。わざとらしくなるし、そんな余裕はありません。ムリはやめましょう。

3秒間の間を置く時間があるなら、その間にゆっくり息を吸いましょう。まずは、間合いがとれそうなところで息継ぎして、呼吸してください。

たちまち元気になる「魔法の水」

昔、ラグビーで「魔法の水」というのがありました。ストーブの上に置くようなボコボコのやかんから、選手が直接水を飲んだりかけたりしているのをテレビで見たことがある人もいるかと思います。単なる水なのですが、魔法にかかったように元気になるということから「魔法の水」と言われているそうです。スポーツ医療が進化し、現在はやかんの水が救急箱や医師の診察に変わり、「魔法の水」を見る機会はほとんどなくなりました。ただ水は、人間にとって欠かすことのできないものであり、元気づけるものであるというのは変わりありません。

プレゼンでも魔法の水があります。その水はペットボトルの水。銘柄は問いません。やかんでなくて大丈夫ですから安心してください。この水を飲むだけで、疲労した声が良くなったり、つっかえていたのが話しやすくなったりします。

プレゼンでは、体内から大量に水が失われています。まず、たくさん口から息を吸うと、のどがかわきます。呼気から水分が出ていくからです。また、緊張して汗をかいたり大声を出しても、のどがかわきます。のどがかわくと、乾燥して声がかすれたりします。ですから話し方を良くするためには、話の途中でも水を飲むことが必要なのです。

水を飲むとき、格段に話しやすくなる飲み方のコツがあります。

ちょっとお行儀が悪くならない程度に「ゴックン」と飲み込むことです。

緊張と喉の疲労で喉頭（喉仏）を下げる筋肉が硬くなり上がりすぎている状態になると、声がかすれます。さらに喉頭が上がりすぎていると声が薄っぺらな響きになりやすいですし、喉頭の上下は声の音色にも影響します。

これらを解決するには、喉頭を下げる筋肉をリラックスさせることです。あくびをすればリラックスできますが、プレゼンの最中にあくびをするわけにはいきません。そこで喉頭を下げる筋肉をリラックスさせるために、ゴックンと水を飲むのです。錠剤を飲むときと同じ要領です。「ゴックン」と飲み込むと、喉頭はいったん上がって下がる運動を行います。この動きが喉のリラックスにつながるのです。

プレゼン資料も大事ですが、プレゼンの舞台にはぜひペットボトルの「魔法の水」も用意してください。

2 記憶に残り、人が動く五つの技法

息を2回ゆっくり吸い、水を「ゴックン」と飲んで、緊張を活かす準備を整えたら、次は**五つのプレゼン技法**を試してみましょう。

1 濁点法

「どうしても堅苦しい言葉で話してしまう。インパクトがない。寝てしまう人も多い」

こんな悩みは少なくありません。「今使っている言葉で、プレゼンでも話しましょう」と提案しても、ほとんどの人は「きちんと話さなくては」と思い込んで、堅苦しい言葉を使ったプレゼンになりがちです。「頭では分かっているんだけど、人前ではどうしてもよそ行きの言葉になってしまう」という方も多いのです。

ある日、デパートで買い物をしていたときのことです。アナウンスが流れていました。

「永井様、お連れ様がお待ちでございます。サービスカウンターまでお越しくださいませ」

私は、音声は認識していたのですが、耳に入ってきたそのアナウンスを聞き流していました。しばらくすると、また同じような調子でアナウンスが流れました。

「永井様、お連れ様がお待ちでございます。サービスカウンターまでお越しくださいませ」

何度目かのアナウンスでやっと認識したとき、「ん？」と初めて買い物の手を止めました。ふと見ると一緒に来ていたはずの夫がいないのです。

「このアナウンスってもしかして私のことだったの？」と初めて現実を認識したのです。私は買い物に夢中になってしまい携帯の着信にも気がつかず、いつの間にか夫とはぐれていたようです。急いでサービスカウンターに行くと、捨てられた子犬のような顔をして夫が待っていました。

つまり、

よそ行き言葉はスルーされるのです。

プレゼンでいくら上手に話していても、アナウンサーがニュースを読むような、普段から使い慣れていないような言葉で話していても、気持ちは伝わりません。

「人前ではどうしてもよそ行きの言葉になってしまう」という方でも、簡単に言葉に力を与えて、インパクトあるプレゼンができるようになる方法があります。

濁点を使う。

これだけです。

濁点は、舌を使って口中で爆発を起こす発音です。「ドドン」「ガンガン」。これらはすべて濁点です。爆弾が爆発したら、強烈な印象ですよね。アクション映画って、インパクト強いですよね。言葉も同じです。口で、のべつまくなしに、いろいろ「爆破」しているので、音感が強烈になり、インパクトが強くなるのです。

ものすごく緊張していても、雑だったり間違えたりしても、派手に話しているように聞こえて勢いがつくので、お客さんにあまり気にされないというプラス面があります。雑さや緊張もかき消されるわけです。

ある会社の社長さんが、プレゼンで濁点を多用していたことがあります。

「のれんを**ドーン**と、（腕を左右に大きく広げる）店の前に作りました」

「商品開発して、いろんなものを商品展開に**ぶちこんで**いきます」

「**ガツン！**（間合い）……と出ますんで（お相撲さんの押しのようにパーにした手を前に出す）」

「**ガンガン！**（間合い）……世の中に対していろんなものを発信していければいいなぁ」

「面白いものを**ドンドン！**（間合い）……仕掛けていきたい」

「もう、行きますよ、**ガッツン、ガッツン**……（客席をじっと見る）」

「**ビシビシ**、（人差し指を立てる）やりますよ！」

「**バシーッ**と揃えますよ！」

「今期は、この新商品で**ぶっちぎり**ます！」

「**ガッチリ**、シェアナンバー1獲得していきます！」


「濁点言葉」は、言葉に迫力を加え、聴き手に強烈な印象を与えます。濁点言葉を言った後に、カッコにあるような間合いと手振りを入れるとさらに効果が高まります。どうしても伝えたい強い想いがあるのなら、プレゼンの中で濁点言葉を使ってみましょう。インパクトが強くなります。

2 一本指話法

緊張して堂々とふるまえない、自信がなさそうに見える、プレゼン下手に見える……など、「この人、慣れてないのね」と思われたら話は聞いてもらえません。でも話し下手でも、「デキる」と思わせる方法があります。

説得力のあるプレゼンだなと思ったときでも、目を閉じて聞くと、意外に話し方はそうでもないことがよくあります。実は、そういう人は手振りを上手く使っていることが多いのです。

たとえば、人差し指を立てる方法があります。たとえ一本でも、人差し指の訴求力は抜群。説得力が格段に上がります。ポイントでは、「ココは大事！」と人差し指を立てることです。聴き手に強い印象を残すことができます。

「たかが手振り」と思いがちですが、手振りを使えばどんな人でも堂々として見え、説得力が格段に上がり、さらに自分も話しやすくなります。

ただし、「内容に合わせて手振りをつけましょう」と言っても、話すことに精一杯で、実際は手振りのできない方が多いのです。慣れない方が手振りをつけるコツがあります。手をカチッと両脇に固めてしまうと、いざ動かそうと思っても動かすタイミングを逸してしまいます。手は最初から空中に上げ、できるだけベルト位置より上に置いて、常に動かせる体勢にすることです。これで自由に手を動かせるようになります。

〔手振りのいろいろ〕

読みながら、実際に自分でやってみてください。

基本姿勢

手は最初から空中に上げ、ベルト位置より上に置いて、常に動かせる体勢にします。

1　一本指話法

ポイントで「ココは大事！」というときに、人差し指を立てます。

2　ろくろ回し

パッションを表現する際に、ろくろを回すときのように両手を広げて、動かします。

ＩＴ社長で使う人が多いことから「ＩＴ社長のろくろ回し」とも呼ばれます。

3　グー

強いインパクトを伝えたいときはグー。握り拳です。グーを頭より高い位置に掲げると、さらに強烈なイメージになります。ガッツポーズのように両手を上げれば最強です。

4 手まり

表現力・説得力をアップさせたいときには、まりをつくようにポンポンと手を振りながら話します。

5 ピアニスト

さらに表現力・説得力をレベルアップしたいときは、ピアニストが指を広げるような動きをします。オープンな印象を与え、聴き手との深いコミュニケーションを感じさせられます。手を「ぐわっ」とどんぶりをつかむような形にして、まるでピアノを弾くように上下に動かすと、より説得力が上がります。

6 数字

数字を視覚に訴えて伝えたいとき、その数だけ指を立てながら話すことでより分かりやすく表現できます。人間の指は10本しかありませんので、10以上の場合は、13なら1本+

3本など、各自工夫してください。

7 ピストル

問いかけるときや決め台詞をいうとき、人差し指と親指を立てて、聴き手に狙いを定めて打ちます。

手振りをつけるともう一つ良い点があります。自分が話しやすくなるのです。カラオケで、手をリズムに合わせて動かしたり、身体をゆすったりすると、ノってきますよね。まったく同じです。

手振りを使えばどんな人でも堂々として見え、説得力が格段に上がり、さらに自分も話しやすくなります。

3 悪代官スペシャル

人は一流に弱いもの。一流の体験をしたいと思っているし、一流になりたいと思っています。だから、「私は一流のプレゼンをしますよ」と冒頭から印象づけましょう。

そのためのイチオシの方法があります。

「低い声」で話すことです。

なぜ低い声が良いのでしょうか?

超一流ホテルのコンシェルジュや、レストランのメートル・ドテルは、甲高い声で落ち着きなく早口で話すことは、絶対にありません。必ず、落ち着いた低い声でしっかりと話します。人は無意識に、低い声かどうかで、一流か二流かを判断しているのです。マンションのモデルルームを見にいくと、一流の高級マンションは、ドアが閉まるときは「ボスッ……」と重量感のある低い音で閉まります。車もそうですね。一流の高い車は「バスッ……」と低く響く音がします。

声の高さと価値は反比例するのです。

低い声も、一流を感じさせます。人は、一流であると認識して、初めて安心感や信頼感を覚え、その人の話に耳を傾けるのです。低い声で話してもらうほうが、「この人は本音で話している」「真剣だ」と感じ、安心できます。

でも、低い声なんてどうやって出せばいいの？　と思いますよね。話していると、どうしても早口で声が甲高くなってしまう人も多いのです。そこで、低い声で話すために、簡単に声を1オクターブ下げる裏技があります。

それが**「悪代官スペシャル」**です。

時代劇の悪代官の台詞には、響く声で話すプロのワザが凝縮されています。本番でつい甲高い声で早口になる人も安心。登壇直前に行えば、失敗が激減します。女性も使えます。

〔悪代官スペシャルの方法〕

読みながら、実際に自分でやってみてください。

ステップ1：口を開けてゆっくり息を吸い、口を閉じ、あごを下げ口の中に空間を取ります。

（ここではプロの呼吸ワザが身につきます）

口の中の空間を広くとり声を響かせることは、「息の吸い方」についてのご説明でもお伝えしました。「口を開けよう」と意識しなくても、口を開けて呼吸をすれば、自然に口の中の空間がとれて、声が響くようになります。

ステップ2：口は閉じながら、手をお腹に当てて「フッフッフッフッ……」と悪代官の気持ちで笑う。お腹が動くのを確認します。

ステップ3：ステップ2の笑顔のまま、越後屋と目配せするつもりで、ゆっくりと「**越**

後屋、（間合い）おぬしも（間合い）悪（ワル）よのぅ〜〜」と言う。

「越後屋」の「え」、「おぬしも」の「お」、「悪」の「わ」を少し強めに言います。

（ここでは、スピード感、間合い、アイコンタクト、笑顔で話す技術が身につきます）

実はこの「悪代官スペシャル」で滑舌の問題も一気に解決できます。プレゼンでしゃべれなくなるとき、大抵の人は、「今日はなんだか滑舌の調子が悪いなぁ」と思ってしまいがちです。でも本当は違います。ほとんどの場合、原因はたった一つ。早口になっていることです。人前で緊張すると興奮したり心臓がドキドキするのと同じで、気がつかないうちにいつもより呼吸も浅くなり、早口になっているものです。

ためしに本番プレゼンで「今日はできるかぎりゆっくり話そう」と心がけながら、プレゼンを録画してみてください。自分はゆっくり話し

ているつもりでも、後で動画再生して見ると、「こんなに早口だったの?」と驚かれるはずです。これは本番特有の現象です。事前リハーサルでは、こういうことはあまり起こりません。本番は緊張して、誰でも無意識に速くなるものなのです。だから本番では、普段はスラスラ言えていることさえ言えなくなってしまうのです。

では、どうするか?

「あり得ないくらい」ゆっくり話せば、滑舌の問題はほとんど解決します。そのための悪代官の台詞のスピードなのです。

ゆっくり話すためにもう一つ大事なコツをお伝えいたしましょう。

言葉を区切る。

どんなに難しい言葉でも、区切って言えば、確実に言えるようになります。「この言葉、ちょっと危険だなぁ」と思ったら、区切った間合いの後、分からない程度に小さくアクセントをつけるとさらに確実です。

言葉を少し区切って、間合いの後に小さくアクセントをつけると絶対に失敗しません。少しずつ間合いを短くして、間合いに気がつかれないようにしていければ完璧です。

緊張すると人はどうしても普段より早口になり、間合いもなくなってしまいます。そこで悪代官スペシャルで、スピード感と間合いをつかみます。この方法であれば「きゃりーぱみゅぱみゅ」も怖くありません。

「きゃりー（間）、ぱみゅ（間）、ぱみゅ」

実際にここで声を上げて発音してみてください。

悪代官になったつもりでこのように発音すれば、どんなに滑舌が悪い人でも、**「きゃりーぱみゅぱみゅ」**と言えるようになります。

誰でも緊張すると声は高く、早口になります。だから、あらかじめ自分の一番低い声を出しておくことで、本番はちょうどいい高さで話せます。また悪代官スペシャルのスピード感でゆっくり話せば、聞き取りやすくなり、内容が伝わるようになるのです。

さらに悪代官の気持ちになりきって、越後屋とアイコンタクトするように話してみてください。目線から言葉を超えた想い（たくらみ）が伝わるアイコンタクトがとれるようになります。また、笑いながら話すのは意外と難しいもの。笑顔で話す技術も身につきます。

4 モラウ法

一生懸命に話しているのに、聴き手がウツラウツラ眠そうにしている。

中には目を閉じて寝ている人もいる。みんな自分の話を寝ていて聞いていない。

これって、辛いですよね。「私のプレゼンがつまらないから？」と考えると、心が折れそうです。でも「なんで寝てるの？」って聞けません。

お客さんにも理由があるのかもしれません。実は前の日遅くまでお酒を飲んでいたかもしれません。赤ちゃんが夜泣きしていたのかもしれません。これは、あなたのプレゼンが下手なせいではありませんよね。「あー、疲れてるのね」と解釈して、寝かしておいてあげるのも一つの方法です。でも、あなたが聴き手にちゃんと聞いてほしいのなら、解決方法が一つあります。

身体を動かせば、絶対に起きます。

身体を動かしながら、寝ていられる人はまずいません。もしいたとしたら、「世界ビックリ人間大集合」のテレビ番組に出演できます。だから、動いてもらう、話し合ってもらう、書いてもらう、発表してもらう、体験してもらう……など、身体を動かせば、起きます。これを、私は「モラウ法」と名付けています。つまり、相手に動いてもらうので、モラウ法。もし寝られるのがどうしても困るなら、聴き手にやってもらうことを考えて、準備しておくといいでしょう。これなら、幼稚園児だって起きてやってくれます。

ある日のこと。

信じられないくらいものすごい怖いお化け屋敷がある

と紹介されたので、怖い物見たさで行ってみました。

入る前に、「一緒に暮らしていた男性と大げんかをし、アイロンを足に当てられて大けがをさせられ、自殺した女性の亡霊が出る」というストーリーを聞かされます。

このお化け屋敷には、裸足で入館させられます。足の裏に熱さを感じる場所があります。この体験でストーリーの登場人物になり、恐怖が自分ごとになります。恐怖10倍増しです。このお化け屋敷は、ストーリーにプラスしてディテールを使って五感に訴えているのです。

プレゼンも同じです。1時間の話も、体験させれば一瞬で伝わるのです。話のストーリーに体験を加えることです。たとえば、サービスを体験してもらう。実際に動いているのを見せる。店の様子を展示する、などなど。言葉だけではなくお客さんに体験してもらうことで、より強く訴求することができるのです。

「なぜ皆が寝ているか分からない。その場の空気が読めていないのでしょうか？」と質問されることがあります。しかし、

空気は、読むものではなく、作るものです。

メトロノームや、時計の振り子が規則的に動くのをじっと眺めていると、どんな人でも眠くなります。プレゼンも同じです。いくらリズム感が良くても、同じリズムで話し続けていたら、眠くなります。しかもリズム感良く速く話すと、眠気は加速されます。

もしお客さんを寝させたかったら、同じリズムで早口で話せば確実に寝てくれます。

このことを理解いただくために、私は講演会で「空気を作り、寝させない方法」を実験することがあります。次のような流れです。

1 いきなり黙り、5秒間沈黙。
2「空気感が変わったのが分かるでしょう？」
3「空気は自由に作れるんですよ」

4「そのためには、ゆっくりとしゃべることですよ」

5 いきなり黙って間を置いた後、突然「……そこのあなた!」と言う。

こうすると全員、自分のことかと思いキョロキョロします。そして「そこのあなたですよ」と再度言う。眠い人がいたら、これで絶対起きます。

黙ったり、ゆっくり話す。間を取って、聴き手の意識を集中させることです。逆に速く話すと、人は次々と寝てしまいます。逆にいきなり黙ると、寝ている人も気がついて起きます。

沈黙の時間を作れば、気持ちよく寝ている人は、すぐ起きます。

間の取り方は一定ではなく「可変長」です。黙っている時間が空気を作るのです。お客さんが興味を持っているプレゼンの冒頭3分以内に空気を作ってしまうのが効果的です。

冒頭で「あなたはこんなときどうしますか?」「この商品の原料はどこでとれるか分か

ります？」」など、質問やクイズから開始する方法もあります。

奥の手も紹介しておきます。

「ちょっと、ストップー！」と言って、プレゼンを止めて、やり直すのです。

ある人気音楽グループがライブをしたときのこと。

歌い始めて10秒後にリーダーが「チョット止めて！」と制止し、こう言いました。

「何それ。聞いてないけど。声小せえんじゃないの？ もっと出せるんじゃないの？」

再開後、ファンの掛け声は大きく、もの凄く盛り上がりました（ちなみに最後、リーダーはファンに「本当に、本当に、ありがとうございました！」と深々とお辞儀。自分の音楽にかける真剣な想いと、ファンへの深いリスペクトを感じさせました）。

体を動かす、沈黙の時間を作る、体験してもらう。誰でも起きてくれます。保証します。

5 テーマ反復法

「この子はなんど言っても言うことを聞かない」

子育て中の知人がこぼしていました。世の中のお父さんお母さんの悩みは深いです。でも、周りをよく見てください。何度注意しても「トイレの電気を消さない」「歯を磨かない」。そんな大人って多くありませんか？

実は、人は「1回言ったから分かっただろう」と思っても、伝わってないことがとても多いのです。あなたは一度聞いたことをすぐに覚えられますか？　覚えられませんよね。人間は、学習を何度も繰り返すことで、やっと身につく生き物なのです。だから同じことを何回話しても、相手には意外と伝わっていないものなのです。プレゼンで、しっかり話したつもりなのに、同じ内容を質問されることが多いのもそのためです。一度だけ言っても、人は覚えてくれません。大抵のプレゼンは、帰り道「一体何の話だったかな」と思うことが多いものです。印象的に繰り返すことで確実に覚えて帰ってもらえます。

もし必ず覚えて帰ってもらいたかったら、その言葉をしつこく何回も繰り返すことです。私はこの話術を、音楽で大事なテーマを何度も繰り返すことで強く印象づける作曲法と関連づけて「テーマ反復法」と名付けています。たとえば、ベートーヴェンの「運命」を聞いた後というのは、誰でも、運命のテーマ「ジャジャジャジャーン！」が鳴り響きますよね。これと同じです。

ある通信系会社の社長さんの得意技は、この「テーマ反復法」です。

プレゼンで、目玉サービスだった学割プランを桃の割れる音で表現した、「パッカーン」をノンビリした口調で7回も繰り返して強烈な印象を残したのです。途中で、「どっかーん」とテーマにバリエーションをつけていましたが、バリエーションをつけられるようになれば、テーマ反復法もベートーヴェン「ジャジャジャジャーン！」の領域です。プレゼンが終わってからも、私の頭の中には「パッカーン」が鳴り響いていました。

また、あるビール会社の社長さんなどは、ビールと料理を合わせることをPRするために、プレゼンで料理を食べてビールをグイグイ飲みながら、「マリアージュ」（フランス語で「結婚」。ワイン用語では料理とワインとの組み合わせ、またその相性のことです）を連呼。会場のそこかしこで「ゴクッ」とつばを飲み込む音がしていました。

このように、これだけは覚えて帰ってもらいたいという言葉があったら、これでもかというくらいに繰り返しましょう。ちょっと言い過ぎたかなと思うくらいでちょうどいいのです。人は1回言っただけでは覚えてもらえないものなのです。

3 顔を覚えてもらうには、いつも同じメガネで

友人がメガネを新調してかけかえました。似合っているのですが、顔の印象がガラリと変わってしまい別人のようです。見慣れるまで時間がかかってしまいました。「メガネは顔の一部です」というキャッチコピーがありましたが、メガネはとても大切。視力を矯正するだけのものではありません。メイクやヘアスタイルよりも、メガネは顔の印象を強く左右します。

お客様のプロフィール用写真撮影のときのこと。メガネをかけている方だったので、カメラマンより「メガネを何点か持ってくるように」との指示があったのですが、いつも講演で使用するメタリック調でシャープなイメージのメガネで撮影に臨んでいただきました。講演でかけるメガネとプロフィールの写真が違ってしまうと、印象が変わってしまい覚えてもらえないからです。

最近は、メガネメーカーの努力のおかげで、おしゃれなメガネをリーズナブルに手に入れることができるようになりました。そのため洋服と同じ感覚で何本も揃えてかけかえる人が増えています。でもプレゼンでは、なるべく同じメガネをかけるようにしましょう。人前に立つときは常に同じメガネをすることで、強い印象を与えることができて、人に覚えてもらいやすくなるからです。同じメガネをかけ続けることで、あなたのブランドも作られているのです。

個人的に「このメガネが好き」も大事なことですが、「そのメガネで相手にどのような印象を与えたいか？」も考えてメガネ選びをしたいところです。

プレゼンツールを選ぶ上で、**「緊バレ」しやすい道具、しにくい道具**というのもありますのでご紹介しておきましょう。

たとえば、プロジェクターを指し示すレーザーポインターの光が小刻みに揺れているのを見ると、「この方、緊張しているんだなぁ」と、気がつくことがあります。

緊張するときの悩みで一番多いのが、この手足の震えです。体の震えは、見た目で分かりやすいので緊バレ（緊張バレ）しやすいからです。本当に震えが激しいときは、パソコンのキーをコントロールすることさえ困難を極めます。私はプレゼンでマックブックを使用するのですが、カーソルキーが難問でした。緊張で手が震えてカーソルキーをコントロールできず、動画のスタートボタンを押せないのです。パソコンカバーの陰で大きな体を縮こませて隠れながら、聴き手に見えないように震える手をなんとか動かそうと孤軍奮闘しているうちに、情けなくなり泣きたくなったこともありました。

実は緊バレは、聴き手のほうにも不安感を与えています。

激しく緊張している人を見れば、大丈夫かな？　と不安になりますし、見ているのも辛いものです。できたら緊バレしないようにプレゼンしたほうがいいですよね。

たまに「私、緊張しています！」と言ってしまう人がいます。一般的に、「緊張していることを公開すれば気持ちが楽になる」と言われていますが、これが許されるのは学生まででです。社会人になっても「私、緊張しています！」というのは「緊張しているから、出来が悪くても勘弁してね」という甘えでしかありません。

聴き手は「実力が出せないと言い訳しているのだな」と解釈し、真剣に聞かなくなります。「緊張しています」は、絶対に言ってはいけない「ＮＧワード」です。そもそも緊張の震え自体、時間が経過すればおさまってきます。馬鹿正直に言うだけ損。それよりも道具にこだわりましょう。

まず、パソコン資料の操作。ノートＰＣのタッチパッドよりもマウスのほうが細かいコントロールをしやすくなります。

マイクは、可能ならピンマイク、ヘッドマイクにしましょう。手持ちマイクだと手の震えが分かり、すぐに緊バレしやすくなります。30人程度の会場だったら、大きな声で話せるようにボイストレーニングをしておけば、マイクなしでも乗り切れます。それに、手持ちマイクは片手がどうしてもふさがってしまいますので、手振りがやりにくくなります。両手をオープンにしておくほうが、手振りやその他の動作がやりやすくなるので説得力が上がります。

パソコンのページ送りは、フィンガープレゼンターという指輪タイプをおすすめします。ポインターは手持ちマイク同様、どうしても手でにぎらなくては使えないので片手がふさがってしまいます。指輪タイプでしたら、両手が自由に使えますので便利です。

パワーポイントは「発表者ツール」を使うと、とても話しやすくなります。次の画面が出てくるので頭を整理しながら話せますし、画面の下にメモ書き程度の文章を書き込めますので、話し忘れもありません。私は発表者ツールを使うようになって、緊張するプレゼンでも、見た目はいかにも緊張してないように話せるようになり、とても助かっています。

道具選びの基準は、

緊張を才能に活かすために、ムダな労力をかけないようにする。

これに1点集中です。ムダな労力をかけると、緊張の赤ちゃんの機嫌をそこねます。すべては緊張の赤ちゃんが笑顔になるためです。道具にはこだわりましょう。

column

あなたの癖「女子揺れ」に気がついていますか？

プレゼンで、女性特有の注意点があります。

言葉のリズムに合わせて頭や体を細かく振ってしまう話し方です。これは「女子揺れ」

とも言われています（稀に男子でもあります）。話しながら体がフラッと細かくゆれる、ひざをピョコンとする、髪の毛を触る・かき上げる、などの動作が多い方は要注意です。

95％の女性は無意識にやっていて、可愛らしい印象を与える場合もありますが、ビジネスのプレゼンでは、逆に落ち着きなく見えてしまいます。この話し方は意外にもプロの方でも多いのです。先日コンサルティングさせていただいたベテラン女性アナウンサーの方も、「確かにアナウンサーでも多いですね」と話していました。

他人に指摘されて直そうとしても、この癖はなかなか直りません。私も最初は首をゆすりながら話す癖がありました。録画を見て初めて気がつき、ショックを受けてしまいました。首を揺するどころか、体の中心線もブレていて、意味もなく胴体をクニャクニャしながら話しています。直そうとして無理矢理体を固定して話そうとすると、言葉の流れが悪くなり、上手く話せなくなります。特に緊張しているときに表れます。体や首でリズムをとって話すことで無意識に緊張を和らげているのです。でも、これでは自信がなさそうですし、落ち着きなく見えてしまいます。良いことを話していても、説得力がないのです。

二つの対策でこの癖は簡単に直り、説得力ある話し方に変えられます。

一つ目は、下腹に力を込めて張りながら、息をいつもより多めに吸って話すこと。第4章のはじめで説明したとおり、2回息を吸うと効果があります。

二つ目は、手振りを使うことです。手を広げ、前に出して話すことで、体がバランスをとることができて、揺れはおさまります。緊張すると頭でリズムをとって話したくなりますし、体を揺すりたくなるものです。動きたいという本能はなかなかおさめようがありません。だから、動きを手振りの方に集中させればその分、体の動きが減るのです。それに手振りを使えば、堂々として見え、説得力も上がります。

95%の女性は、プレゼンで自分自身が揺れていることに気がついていません。男性の方は女性が揺れていることが気になっても、なかなか言いにくいと思います。その場合はこの本を紹介してみるといいかもしれません。

第4章まとめ

緊張していてもちょっとしたコツが分かれば、プレゼンで聴き手の心を動かすことができる

- 緊急事態になったら、息を2回吸う
- 間合いをとるなら息を吸う
- 緊張していてもできる、緊張を活かす技術

①濁点法 ②一本指話法 ③悪代官スペシャル ④モラウ法 ⑤テーマ反復法

- メガネは同じがいい
- 道具にはこだわる
- 女子揺れ注意

第5章

「でも質問、怖いです」

緊張しても、困った質問は切り抜けられる

1

あなたの本気度は、質疑応答が伝えてくれる

「質疑応答が怖い」と言う人は、とても多くおられます。

緊張しているときに変な質問をされたりしたら、頭が真っ白になってしまいそうです。想定外の質問を受けたときにどうすればいいか、つい考えてしまいますよね。皆の前で答えられなくて恥をかかされるかもしれません。

プレゼン慣れしているように見える社長さんでも、「質疑応答は絶対にやらない」という人もいるくらいです。

でも実際に講演でアンケートを取ると、質疑応答をすると「満足した」というお客さんが2～3割ほど増えます。そもそもプレゼンは聴き手の人に何かを伝え、満足していただき、何らかの行動をしていただくために行います。質疑応答で満足度が上がるのであれば、

質問はどんどん受けた方がいいですよね。

さらに質疑応答をしないのは、損をします。良い質問もたくさんいただくからです。「ああ、こういう質問があったのか！」と、一人で考えているだけでは思いも付かないところを鋭くつく質問は、実は良い質問です。会場には、深い考えを持っていらしている素晴らしい方が必ずいます。難しい質問でも、深い質問に答えることで自分の中に新しいものが生まれます。お客さんが、自分の中のものを引き出してくれるのです。私も質問をきっかけに、新しいサービスを考えついたことがあります。人によっては「こんな質問をして！嫌がらせか！」と怒っていらっしゃる方もいます。でもこういう質問にこそ、自分に課された一番の問題が隠されているものなのです。そしてお客さんの生の声を聞けるのも、質疑応答だからこそ、です。

とはいえ、厳しく困った質問は、怖いものです。

そこでこの章では、困った質問を受けたときの切り抜け方を伝えます。

質疑応答では、予想しない質問に対する「瞬発力」が問われる、とも言われます。でも瞬発力や頭の回転が人並みでも、ちょっとしたテクニックでクリアできるのです。

実は本当に問われるのは、瞬発力ではありません。

問われているのは、語り手がいかによく内容について分かっているか、深い想いを持っているか、質問者との対話から感じられる人間力です。ただ質問は、プレゼンのように練習ができないし、想定問答を準備しても、実際はどんな質問がくるのか分からない、というリスクがあります。

本来知りたいこととは別に、講演者の力を試すような質問をしてくる、意地悪な人もいます。

また、公式の取材が入った会見では、言質をとるために、こちらが把握していないような細かい数字の質問をしたり、結果に点数をつけさせたりするような質問をしてくる人もいます。

そういうとき、どのように答えたらいいでしょうか？

人の質疑応答を聞いていると、難しい質問をいただいたときは、経験豊富な人でも動揺した表情を隠せないことが多いものです。目は落ち着きをなくして動き、表情がこわばります。しかしこれでは、質問者とのせっかくのやりとりは深まりません。

もしすぐ答えられなかったら、黙ってもいいのです。間違っても「あ〜」とか「え〜」とか言って、沈黙を自ら打ち破ってはいけません。「それで、え〜、だから、あ〜」などと言っていては、「困っているな」とすぐに分かってしまいます。

こんなときの「マジックフレーズ」を五つご紹介します。

2 あらゆる困った質問に対応できる五つのマジックフレーズ

1「良い質問です」

「良い質問ですね……」と斜め上を見上げ、言葉が降りてくるのを待つポーズをとります。すると、質問者や会場の方々も「真摯に答えようとしているな」と安心します。まず落ち着いて、言葉が浮かんでくるまで時間をとりましょう。「瞬発力が必要だ」などと考えてあわてて答えると、ろくなことはありません。プレゼンの名人ならば、瞬発力がある方もいますが、普通の私たちにとっては、「瞬発力は百害あって一利なし」と割り切りましょう。

2 「あなたの話が聞きたい」

中には「意地悪な質問で困らせてやろう」という人もいます。しかしこんな場合でも「相手を負かしてやろう」と考える必要はありません。負けた相手にはそのことがずっと残ります。そしていつかは、何かの形で自分に返ってくるからです。

加えてその場にいる人たちにもしこりが残ってしまい、良い印象を与えません。

確かに、ビジネスにおいては真剣勝負が必要な場面もあります。ただそこで必要なのは「勝ち負け」ではありません。

コツは、低く落ち着いたよく響く声にすること。

まず、2回息を吸って、低く落ち着いたよく響く声でゆっくり話し、「ベテラン感」を出す。そのためにも「悪代官スペシャル」を練習しておきましょう。

そして困った質問をしてくる相手には、答える前に、まず相手の話をじっくり聞くことです。相手が何を考えているかを知らなくては、ベストの対応ができないからです。

よくある困った質問で、「皆（お客さん）が、あなたのことを批判していますよ」とか、「皆（お客さん）は、こう言ってますよ」と言われることがあります。「皆」に責任を着せて、「お客さん」という隠れ蓑を利用し、個人の意見を出さず、自分が優位に立とうという作戦です。ここでは「そうですか。ぜひあなた（個人）のお話を聞きたいのですが、いかがですか？」と、丁寧に低い声で聞きましょう。リスペクトの気持ちを持ちながら、落ち着いて話を聞きます。相手の話をじっくり聞き、矛盾点を判断し、その上で自分の考えを述べましょう。後攻必勝の手でいきます。

3 オウム返し

学園ドラマでこんなシーンがありました。

クラスで問題が起こり、女子生徒が先生に訴えます。「先生！　山田君がお掃除係をサボって困ります！」すると先生は、「それはいけませんね」……とは言いません。「そうか。山田君はお掃除係をサボるのか」ゆっくりと響く声で、質問そのものをオウム返しに繰り返すのです。

これには、三つの効果があります

一つ目は、「質問者を受け止めました」という意思表示になること。これで質問者が安心します。

二つ目は、すぐに結果を答えてしまうと質問者が考えなくなってしまうので、これを避けること。

三つ目は、質問を繰り返すことで、先生側が質問について考える時間が取れるようになり、またゆっくり話すことで心も落ち着き、より良い回答ができることです。

これはプレゼンの質疑応答でも応用できます。困った質問や、相手が安易に質問しているとき、すぐに良い答えが思い浮かばないときは、質問者の質問を低い声でゆっくり繰り返しましょう。

ただしリスペクトがない場合、ムッとされてしまうことがありますので注意が必要です。

困ったら、まずは「ゆっくりと、質問を繰り返す」。また、困った質問は緊張して息が止まりがちになります。繰り返す前に大きく息を吸うのも効果があります。

4「勉強不足なのですが」

質問の際に、「私は勉強不足なので、この点について教えてください」と正直におっしゃっていた方がいました。有名な方ですし、きっとそれなりに知識もお持ちの内容だったと思いますが、謙虚な姿勢に好感を持ちました。

虚勢をはらず、素直に「勉強不足なのですが」という言葉を使えるようになると、自分自身も楽になります。ただし、いくら楽だからといって、何回もこの言葉を使うと、本当に勉強不足の人に見られますので、ほどほどにしましょう。

ある保険会社の株主総会でのこと。一人の株主が専門的な言葉を多用し、知識をひけらかしながらマウンティングするような質問がありました。それに対して、マイクを持った社長さんはゆっくりとした声で、「私たちはまだまだ未熟者ですので。ありがとうございます。勉強になります。今後ともよろしくお願いいたします」と答えて、それ以上は何も言いませんでした。低い声で、ゆっくりと、謙虚に答えながらも、「あなたには決して屈しませんよ」という態度が見えた、すごみのある回答でした。周囲では社員さんたちも見ていました。自分たちのプライドを維持しながら、他の株主にも共感を得られるやり方だと感じました。講演者の力を試し、自分の虚栄心を満足させようとする人に対して、真っ正面からぶつかってはいけません。

なにごとも性善説で考えたいものです。しかし一方で残念なことに、あなたのことを「ぶっ潰そう」とする人も世の中にはいます。もし質問者が明らかにマウンティングしてきたときは、こちらから辞退しましょう。

5「もう少し状況を教えてください」

質疑応答で特に心がけるべきことは、「質問者へのリスペクト（敬意）」です。

でもほとんどの質問者は初対面。一瞬では、その質問の背景まで想像できないものです。

「この方はなぜこの質問をしてきたのか？」ということを知ることで、きちんと答えることができます。質問者がなぜその質問をするのか、納得いくまで質問し返すことです。「全体の皆さんのお時間をとってしまう」と焦ることはありません。会場の皆さんも、あなたと質問者のやり取りに、場合によっては本編の講演以上に、耳をそばだてています。

質問は質問者だけのものではありません。質疑応答の過程は、会場全員も参考になり、勉強になっています。だから大切なのです。さっと答えてなんとか乗り切ろうとせずに、全体が「なるほど、そうだったのか」と納得するように持っていくのが、良い質疑応答です。だから、一発で答える頭の良い人を演じる必要はありません。

対話を深めるための「マジックフレーズ」があります。

「もう少し状況を教えてください」
「何でお困りですか？」

相手がなぜその質問をするに至ったのかが理解できれば、より的確に答えられます。そして対話が深まれば、自分も新しいことを知ることができ、勉強になります。さらに質問者が自分の答えを自分で見つけてくださることもあります。

良いプレゼンを行っても、質疑応答でその人の力量が出てしまうものです。プレゼンでは気をつけていた悪い癖が、質疑応答でつい出ることもあります。ごまかしたり、なんでもかんでも「お答えいたしかねます」では、印象は悪くなります。ある記者会見の質疑応答でも、答え難い質問に対して「もっと前向きな話をしましょうよ」と答えている人がいて、印象が良くなかったことがありました。

3 質疑応答は得意技で切り抜けよう

最近、多いですよね。不祥事会見。

「まさかこんな立派な会社が」と思うような会社のトップが、不祥事会見の矢面に立たされていて、深々と頭を下げています。

このような不祥事会見を見るたびに、心が締め付けられます。

「もし自分が、この立場に立たされたら、どうしよう?」

実は、決して他人事ではありません。

確かに普通の人は、多くのメディアに取り囲まれて謝罪する場に立つ可能性は少ないかもしれません。でも社内や仲間の集まりで、そのような場にいきなり立たされる可能性は、決して小さくありません。

そして、こういう場面はえてしていきなり来るものです。不祥事会見に立たされたトップも、前日までそんな立場に立つなんて想像もしていなかったはずです。

こういうときに知っておきたい、厳しい質問を切り抜ける方法があります。

聞かれたくなかったり、答え難い質問もあります。マニュアル通り常に「答えられません」では、お客さんはますます不満がたまってしまいます。特に、最近のテンプレート通りの会見は、心が伝わってこないので、ますます炎上してしまうことも多いものです。

だから、ツッコミを受けてピンチのときこそ自分の得意技で切り抜けます。取材会見でのケースをご紹介します。

〔ケース1〕家族

ある大手自動車会社で、女性役員Bさんが不正をしたときのこと。トップは自分なりの言葉で説明しました。

「Bさんは家族のようなものと思っていたので……」

会社のイメージを落とさなかったどころか、この会社は社員を家族のように思う会社なんだなという、良い印象を与えました。

〔ケース2〕おとぼけちゃぶ台返し

あるヘルスケア会社の新商品発表会。質疑応答で新商品の価格を聞かれた担当者が、価格を説明しました。すると記者がこんな質問をしました。

「一般的に考えて金額高めですね」

すると社長はこう答えました。

「さっき言ったのはまだ検討中です。もっと安くするかもしれません」

おとぼけ調が持ち味のこの社長は、すかさず値頃感の調整必要と判断し、そのおとぼけ調を活かしてちゃぶ台返しをしたのです。

〔ケース3〕「今でしょ」

ある大手通信会社で新サービスの記者会見をしました。

するとと記者からこんな質問がありました。

「なぜ、今ごろになって、このスマホ出すんですか？」

社長はこう答えました。

「え？　なんでって？『今でしょ……』って違う？　ウケませんでしたけれど。今がちょうどよいと思ったからです」

林修先生の真似をして切り抜けたのです。ウケなくても、気にせず自分でツッコミを入れるのがミソです。脱力してしまい相手の攻撃力が落ちていました。


答えにくいときでも、はっきりと話すほうが好印象になります。

答えにくい質問になると、途端に息がこもってボソボソと小声になる人がいます。


「これだkッdッtッtッrッなッのdッ……」

（「これだけだと足りないので」と言っています）

このように、ボツボツと子音（アイウエオ以外の音）だけになってしまう人も少なくありません。これでは丁寧に話すのが面倒に思っているかのような、雑で自信がない印象を与えてしまいます。意味が伝わりにくく、聴き手にストレスがかかり、余計に怒りをかってしまいます。

さらにごまかそうとしているように聞こえ、「ずるい人」「したたかな人」という印象も与えます。数多くプレゼンを経験しているベテランでもこれが多いのです。私はこれを「子音ごまかしの術」と呼んでいますが、これではダメです。

「分からない」と「答えられない」は、まったく違います。常に「答えられない」だけでは、印象を下げてしまいます。でも本当に分からないのが事実ならば、そのまま伝えるべきです。「答えられない」よりも正直に「分からない」とはっきり答える方が10倍好印象です。

仕事をしていれば、どうにもならない謝罪が必要なときもあります。なんとか火消しをしなくてはならないことも出てきます。そんなときは、「**す・き・か・な〜**」（「す」スピード、「き」聞く、「か」感情（＋パッション）、「な」泣く）で対応しましょう。

たとえばこんなシーンを思い浮かべてください。

婚約した彼女の父親が「怒っている」との報告がありました。何を怒っているのか、さっぱり分かりません。どうも「話が違う」と言っているようです。

何はさておいても、すぐに話を聞きにいきます（**スピード**）。

説明にいくととてもご立腹の様子で手が付けられません。婚約破棄になってしまう可能性もあります。

そこで、まずはお父さんの話をちゃんと聞きます（**聞く**）。

「なんだ君は！　他の女性とも婚約しているそうじゃないか!?　それは結婚詐欺って言うんだ！　ボクは失望したよ。今すぐ婚約破棄したまえ」

お父さんは何か大きな勘違いをしています。

「他の女性と婚約なんて、あり得ません」と否定しても、お父さんは怒りまくっていて、手が付けられません。

「絶対に何かの間違いです！　私は何が何でもカナコさんを幸せにします！」と、感情に訴えます（**感情＋パッション**）。

お父さんはまったく動じません。「君には失望した」「二度とカナコには会うな」「ダメなものはダメだ」

「そんな〜！　私はカナコさんがいないと生きていけません。お願いします〜」感情に訴えます（繰り返し**感情**）。

そして最後は、「うう……すみません、ボクが至らぬせいでこんなことに……。すみません、すみません。お父さん、許してください。でも他の女性との婚約は、絶対に何かの間違いです」と号泣（**泣く**）。

どうにか、最後は泣き落としで結婚を認めてもらいます。

もう無理……！　と諦める前に、火消しをしなければならないとき、この「すきかな〜」を思い出してほしいと思います。

多くの疑惑で世間を騒がせたショーンKさんのラジオでの火消しスピーチはすごいと思いました。まず対応が迅速です。世の中の色々な意見をすべてリサーチし、スピーチに盛り込んでいました。そして感情を込めて、泣き落とし。鳥肌が立ちました。このスピーチで、世間のショーンKさんへの激しいバッシングは一気に収束したのです。

もうひとつ記憶に残っているのが、１９９７年11月24日、山一證券・野澤正平社長の会見。「社員は悪くありませんから。どうか社員の皆さんを応援してやってください。お願いします。1人でも2人でも、皆さんが力を貸していただいて再就職できるように、この場を借りて私からもお願いします」。号泣しながらの謝罪会見でした。『私は逃げも隠れもしません。すべて自分の責任です』という腹決めを、純粋な気持ちでパッションと共に伝えたのです。

ある程度のルールに沿って話すことも必要です。しかし、人は気持ちで動きます。相手の立場に立って、理屈だけではなく、誠実に、パッションを持って話すことです。皆が注目するからこそ、その人にしかできない言葉で語ることもまた、大切なのです。

謝罪会見で、マニュアル通りの「テンプレート会見」が目につく昨今です。リスクをとらない姿勢がかえって印象を悪くしています。これはプレゼンでも同じです。なぜマニュアル通りはダメなのでしょうか？

それはマニュアル通りのプレゼンだと、誠実さが感じられず、印象が悪くなるからです。

毎月1回、レンタル交換にいらしてくださる女性スタッフの方がいます。その人はリーダー格の立場で、店内スタッフへの研修指導も行っているほど。最初から絵に描いたようなしっかりした対応でした。ドアが開いたらまず笑顔。そして、明るく大きな声でハキハキと「おはようございます！　くすのき支店の山田です！　よろしくお願いします‼」キビキビと動き、仕事をこなしていきます。また営業活動も一生懸命。「必要ないなぁ」と思う商品も必ず熱心に勧めてきます。「寒いですね！」などの季節の挨拶から始まり、「大掃除とかなさいますか？　洗剤セットが、今だけこのお値段です！」など、しっかり明るくハキハキと話します。こちらが質問すると、まず質問をし返して確認してきます。「もうお持ちかもしれませんが！」という一言が多いのも特徴です。

彼女のやり方を見ていると、「研修で教えられる基本マニュアル通りなんだろうなぁ」とすぐに分かります。一般的に、印象を良くするためには以下の三つの方法があると言われています。

1 笑顔
2 ハキハキ話す
3 声は大きく前にとばす

これらすべてが完璧なのですが、なぜか印象がいまひとつなのです。「どうしてなのかなぁ」。彼女が帰った後、いつも考えてしまいます。好印象にするための行動は100点ですが、印象が良くないのです。色々と考えた結果三つの理由があることが分かりました。

〔理由その1〕声が高い

高い声をキンキンと甲高く張り上げているので、耳に心地悪いのです。声が大きいことは悪いことではありません。近くで聞くとうるさいくらいなのですが、豊かに響かず、かえって聞き取りにくいのです。ハキハキ元気の良い印象を与えようとムリにテンションを上げて頑張っているため、心から話しかけられている気がしません。

↓声は低く響かせるほうが、信頼感や安心感を与えてくれます。

〔理由その2〕早口

ハキハキしているのはいいのですが、早口で落ち着きがなく聞こえます。何かあったときに、しっかり対応してくれるのか不安になります。

↓今より意識してゆっくり話すほうが落ち着きを与えます。

〔理由その3〕不自然な笑顔

笑いすぎています。あまり笑いすぎても不自然です。できれば、少し口角を上げる程度で、穏やかな笑顔くらいのほうが、落ち着きを感じさせますし、こちらの気持ちも癒やされます。また、口角を上げれば、低い声が明るく響きやすくなりますのでちょうどいいバランスになりやすいのです。顔も穏やかな表情になります。

↓口角を上げる程度で大丈夫。笑顔の練習をするより口角をあげる練習をしましょう。

あなたの周りにも、こういう方は意外に多くいませんか？「マニュアル通りにやっていれば安心」という思いこみからは、早く目を覚ましましょう。お客さんは、華麗な営業トークなど求めていません。トツトツと話していても、話が上手でなくてもいいのです。深く呼吸し、落ち着いた低い声で、ゆっくりと話しかけ、真摯な気持ちでお話しすれば、安心感と信頼感アップにつながります。やり方は一つではありません。人はそれぞれ違っていいのです。

column

まずは宴会の挨拶から自分の言葉で話してみよう

ある企業の忘年会。乾杯の挨拶で壇上に上がった部長さんは、おもむろにジャケットの内ポケットから紙を取り出し、読み上げ始めました。

「えー、皆さん、お忙しいところお集まりいただきまして、えー、まことにありがとうございます……」

わずか3分ほどの挨拶ですが、紙に書いた文章を読んでいます。その間、ずっと下を向いたままアイコンタクトがありません。全員、乾杯用のグラスを持って、話し終わるのを待っています。

お気持ち、よく分かります。私も自己紹介など、ちょっと人前で話すだけでもドキドキしてしまい、手が震えるからです。紙なんて持ったら、紙が震えて確実に緊バレします。

だから3分程度の話でも、まず頭で構成をまとめて覚えた上で話します。

文字をそのまま読み上げると、どうしても「借り物の言葉」になり、気持ちが聴き手に伝わらないのです。「台本があっても、気持ちを込めて読めばいい」と思われるかもしれません。でもプロではない人が読めば、必ず単なる「読み上げ」になります。

政治家や社長さんたちの中には、客席からは見えないように台本を書いた画面を映す「プロンプター」という仕組みを利用する人がいますが、これも「読んでいる」ことが伝わってしまい、心が伝わらないのです。

台本を読みながらアイコンタクトをとろうとして、台本を見たり、客席を見たりすることを繰り返して話す方もいます。でも台本の読み上げに精一杯で余裕がなくなり、目線は客席に送りはしていますが、心のこもったアイコンタクトはなくなります。またこういったプレゼンをビデオで録画し、消音して再生してみると、まるで鳥がえさをついばんでいるように忙しそうな感じになり、落ち着きが感じられなくなっています。

プレゼンの目的は、プレゼンを聞いた人が納得して、やる気になり行動を変えることです。そのためには、正確に話すことよりも、気持ちを伝えることです。人は気持ちで動くからです。

台本は、「浮き輪」です。

溺れるリスクがある海では、人は浮き輪があれば必ずしがみつきます。極度に緊張する舞台に完璧な台本があれば、必ず読んでしまうのは人の性です。

しかし完璧な台本の致命的な問題は、「書き言葉を話す」ことです。書き言葉では人は感動しません。それに浮き輪を付けていては、速く泳げません。

人は本来、自分の言葉で話せる力を持っています。浮き輪がなくても溺れずに、スイスイ泳げるのです。完璧な台本があるばかりに、逆に自分の言葉で話せなくなってしまうという皮肉な結果になってしまうのです。

プレゼンで読み上げをなくすには、事前に内容を考えて覚えておくことです。そして備忘録程度に、内容の簡単なメモを手元に置くことです。パワーポイントの発表者ツールを使うことも有効です。プレゼン全部をメモを見ずに話すのは難しいという方は、まずは忘年会の挨拶から見ないで話してみてはどうでしょうか。聴き手の反応の違いに気がつくと思います。宴会の挨拶だったら、失敗しても痛手は小さくて済みます。ぜひチャレンジしてみてください。

第5章まとめ

質疑応答で聴き手の満足度は一気に上がる。マジックフレーズ、得意技、「すきかな～」で乗り切れ

・質疑応答をすると満足度はあがる
・困ったときはマジックフレーズを使う
・いざというときに知っておきたい、奥の手「すきかな～」
・マニュアル通りは好感度が低くなる

おわりに

最後のトリセツ

あなたは、数日後、または近い将来に、大事なプレゼンを控えていると思います。

そこで、最後のトリセツです。

プレゼンの後、しっかり休む時間を作ってください。30分でもOK。もし何か用事があったとしてもそこそこにして、その日のうちに、できるだけ早く休みましょう。

なぜならプレゼンの緊張で、アドレナリンというホルモンが分泌し、交感神経が活発になっているからです。アドレナリンは身体のリミッターを外して、人の能力を極限まで引き出します。１００メートル10秒で走る人を、9秒で走らせるようなものなのです。

プレゼン直後のあなたは、疲労を感じないかもしれません。

私もプレゼン前日よりも、当日の夜のほうが眠れなくなります。でも体と心は確実に消耗しています。プレゼン後、テンションが上がったまま飲み過ぎるのは注意してください。ビジネスパーソンのプレゼンは1回限りではありません。ビジネスを続けていれば何度もプレゼンをする機会は訪れます。もし疲労が蓄積すれば、いざ緊張を活かそうと思ったときに緊張の赤ちゃんは機嫌が悪くなり、ぐずり始め、緊張という才能を活かせなくなります。

でもあなたが元気ならば、本番で緊張の赤ちゃんは必ずまた笑ってくれるようになるのです。

緊張する人は、緊張を活かしてリミッターを外し、能力を発揮させる分だけ、緊張しない人より消耗が激しくなるということを覚えておいてください。だからこそ、常に体調のメンテナンスが欠かせないのです。

イチロー選手や、ウサイン・ボルト選手は、体のメンテナンスを欠かしませんよね？厳しく自分を律しています。

実はプレゼンをする機会があるのは、選ばれた人たちです。緊張するあなたは、新鮮な感動をいつも人に届けられる人です。身体を大切にするのは、選ばれた人であり、緊張という才能がある人だからこその使命です。

緊張する人は、ぜひ体をいたわってあげてくださいね。

私より、最後のトリセツでした。


この本を書くにあたって、私を支えてくださった宣伝会議の浦野有代さん、「広報会議」の連載では辛口記事にもかかわらず自由に書かせてくださっている編集長の森下郁恵さんに、心から感謝申し上げます。このお二人がいなかったら本書は書き上げることはできませんでした。

緊張という才能を活かす方法で、一人でも多くの人が、人生の成功を手にしていただけますように。

永井千佳

参考文献

第１章

『棒振りのカフェテラス』岩城宏之著、文春文庫

『ピアニストが見たピアニスト――名演奏家の秘密とは』青柳いづみこ著、中公文庫

第２章

「あすへの話題」千住真理子著、日本経済新聞２０１３年10月18日

『フロー体験入門』M・チクセントミハイ著、世界思想社

第３章

『センスメーキング イン オーガニゼーションズ』カール・E・ワイク著、文眞堂

『運は創るもの』似鳥昭雄著、日本経済新聞出版社

永井千佳
nagai chika

トップ・プレゼン・コンサルタント

桐朋学園大学音楽学部演奏学科卒業、ピアノ・声楽・指揮を学ぶ。演奏家としての活動や、後進の指導、社会人合唱団の運営・指導・代表を経て、ウォンツアンドバリュー株式会社　取締役に就任。

子供のころから極度のあがり症だったにもかかわらず、演奏家として舞台に立ち続けて苦しむ。コンサートで小学生に「先生、手が震えてたネ」と言われショックを受ける。あるとき、緊張を活かし、感動を伝えるには「コツ」があることを発見。今まで落選ばかりだったコンクールやオーディションに受かるようになり、人生が好転し始める。

ヨーロッパにおいて数々の音楽マスタークラスにてコンサート出演、第3回宮日音楽コンクール第1位、川崎市音楽コンクールにてベーゼンドルファー賞受賞など、さまざまな音楽賞を受賞。

また代表として社会人合唱団を立ち上げて運営してみたものの、団員はバラバラ。ある日団員から詰め寄られ、団員全員の前でプレゼンしたところ、思いもよらず団が一致団結。プレゼンの威力を身をもって体験する。団員と共に「第九」や都内有名ホールでの演奏会を実現。音楽で発見したコツが、ビジネスのプレゼンにも活かせることに気づき、社会人向けボイストレーニング指導17年の実績を活かして、ビジネスパーソンのプレゼンを改善するコンサルティングを始める。『DVD付 リーダーは低い声で話せ』(KADOKAWA ／中経出版)を出版。

月刊『広報会議』では、2014年から経営者の「プレゼン力診断」を毎号連載中。50社を超える企業トップのプレゼンを辛口診断し続けている。さらに、NHK総合、週刊誌『AERA』、文化放送、J-WAVE、TOKYO FM、雑誌『プレジデント』、『プレシャス』、日経産業新聞など、さまざまなメディアでも活動が取り上げられている。

豊富な取材経験と音楽理論に基づき、トップのメッセージ力を改善することにより、短時間で経営者が持つ個性や才能を引き出す方法論「トップ・プレゼン・コンサルティング」を開発し提供。これまで経営者やマネージャーを中心に600人以上のプレゼン指導を行っている。

永井千佳オフィシャルサイト https://nagaichika.jp/

緊張して話せるのは才能である

2019年2月15日　初版

著者
永井千佳

発行者
東 彦弥

発行所
株式会社宣伝会議
〒107-8550 東京都港区南青山3-11-13
Tel.03-3475-3010（代表）
https://www.sendenkaigi.com/

イラストレーション
わかる

ブックデザイン
albireo

印刷・製本
図書印刷株式会社

ISBN 978-4-88335-458-0　C2063